뉴요커의 일상 브이로그 영어 회화

100%
뉴욕현지
리얼리티
영어

FEELINGS
SMALL TALK
REACTIONS
INSTAGRAM
YOUTUBE

Social Life

DARAKWON

100% 뉴욕 현지 리얼리티 영어 Social Life

지은이 다락원 영어 콘텐츠팀
펴낸이 정규도
펴낸곳 ㈜다락원

초판 1쇄 발행 2020년 2월 20일
초판 2쇄 발행 2020년 12월 22일

편집총괄 정계영
책임편집 김지은, 김영실
디자인 유수정, 최지영
전산 편집 엘림

DARAKWON 경기도 파주시 문발로 211
내용문의: (02)736-2031 내선 329
구입문의: (02)736-2031 내선 266~269
Fax: (02)732-2037
출판등록 1977년 9월 16일 제406-2008-000007호

값 15,000원

ISBN 978-89-277-0124-8 14740
     978-89-277-0121-7(세트)

http://www.darakwon.co.kr
· 다락원 홈페이지를 방문하시면 상세한 출판 정보와 함께 여러 도서의 동영상 강좌, MP3 자료 등 다양한 어학 정보를 얻으실 수 있습니다.

매일매일 보고 싶은 진짜 영어, 뉴욕 현지 리얼리티 영어

100% 뉴욕 현지 리얼리티 영어는 어떤 시리즈인가요?

이 시리즈는 뉴요커들의 현지 일상이 담긴 100% 리얼리티 영어 브이로그입니다. 대한민국 성인 학습자들이 가장 궁금해 하는 주제를 모아 브이로그 형식으로 구성했습니다. 대본 없이 진행되는 100% 리얼리티 뉴요커의 일상을 담아 영어의 리얼함을 느낄 수 있고 낯선 듯 익숙한 뉴요커의 일상이 매력적으로 다가올 것입니다.

100% 뉴욕 현지 리얼리티 영어로 배우면 어떤 점이 좋을까요?

뉴욕타임즈나 영어 연설을 보면서 고급 영어를 배울 수는 있습니다. 하지만 일생생활에서 항상 그런 격식 있는(formal) 영어를 사용하는 건 아닙니다. 현실의 영어는 훨씬 폭넓고 다양합니다. 그래서 영어를 배울 때 다양한 소스로 배우는 게 중요합니다. 브이로그는 일상생활의 모습을 그대로 담고 있고 다양한 주제로 제작된 것들이 많기 때문에 영어회화를 배울 때 탁월한 방법입니다. 특히 미국인들이 많이 쓰는 쉽고 간단한 기초 회화부터 중급 회화까지 실제 현지인들이 쓰는 구어 표현을 익힐 수 있습니다.

또한, 브이로그에서는 다양한 사람들과 만나고 소통한 내용을 그대로 담고 있습니다. 실제 상황에서 상대방과 대화할 때 어떻게 상호작용(interactive)하는지 언어의 모습을 그대로 느낄 수 있고, 원어민들이 자연스럽게 발화하는 속도나 표현을 배울 수 있습니다. 브이로그에 나오는 상황을 직관적으로 이해할 수 있어서 정중한 표현, 공손한 표현, 캐주얼한 표현 등을 익혀 적재적소에 활용할 수 있습니다.

이런 언어적인 단서뿐만 아니라 영상만 봐도 어떤 상황인지 파악할 수 있으며 표정이나 제스처도 고스란히 느낄 수 있습니다. 이런 비언어적인 단서들은 상황을 더 잘 이해하고 메시지에 집중할 수 있도록 도와줍니다. 영어 환경에 직접 노출되어 있지 않은 상황이라면 브이로그는 실제 언어가 쓰이는 상황에 노출을 시켜주기 때문에 영어 회화를 쓸모 있게 배울 수 있습니다.

100% 뉴욕 현지 리얼리티 영어 시리즈를 통해 리얼한 영어를 느껴보세요. 그리고 계속해서 나의 취미, 나와 맞는 브이로그를 꾸준히 발견하면서 세계와 소통하는 영어의 재미에 푹 빠져보세요. 어느 날 좋아하는 브이로거에 코멘트를 달고, 직접 영어로 브이로그를 만드는 날이 올지도 모르니까요.

그럼 진짜 영어를 만나는 **100% 뉴욕 현지 리얼리티 영어**를 시작해 볼까요?

목 차

100% 뉴욕 현지 리얼리티 영어
내 것으로 만드는 학습법

이 책은 앞에서부터 차례대로 봐도 되고 관심이 가는 토픽부터 골라봐도 상관없습니다. 하지만 한번에 몰아서 드문드문 하는 것보다는 매일 일정한 시간을 정해 놓고 꾸준히 하는 것을 권장합니다.

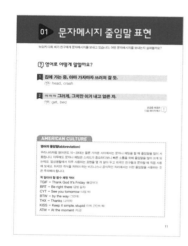

1 영어로 어떻게 말할까요?

스스로 영어 문장을 만들어 보는 연습이 필요합니다. 힌트에 나온 단어를 활용하여 최대한 스스로 먼저 만들어 보세요. 한 번 스스로 유추해보면 그 문장은 더 오래 기억에 남습니다. 무엇보다 눈으로 보는 것은 회화 실력 향상에 큰 도움이 안 됩니다. 꼭 열심히 입을 움직여서 여러 번 말해 봐야 합니다.

2 CORE SENTENCES

앞서 유추했던 한국어 문장의 자연스러운 영어 표현을 배웁니다. 문장의 의미를 파악하고 나면 이를 응용하여 단어를 바꿔보면서 자신만의 문장을 만들어 볼 수 있습니다. 비슷한 표현이나 추가 표현을 자세히 익혀 실제 회화 실력을 키울 수 있습니다.

3 **REAL SITUATION** in NEW YORK

CORE SENTENCES에서 배운 문장이 대화에서 어떻게 활용되는지 확인합니다. 상황의 맥락을 통해 언어를 이해하는 게 중요하므로 전체 대화문은 상황을 이해하는 정도로 파악하세요. 꼭 다 암기해야 한다는 부담감은 잠시 내려 두세요.

4 **AMERICAN CULTURE**

토픽과 관련 있는 미국 문화를 배울 수 있습니다. 미국인의 고유한 사고 방식이나 가치관, 미국 사회의 다양성 등 문화를 알면 영어가 살아있는 언어로 다가옵니다.

부록

전체 대화문 MP3 Files

모든 과의 전체 대화문을 MP3 음원으로 제공합니다. MP3 음원은 옆의 QR코드를 스마트폰으로 찍어서 바로 들을 수도 있고, 다락원 홈페이지(darakwon.co.kr)에서 무료로 다운받을 수 있습니다.

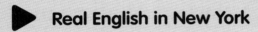 **Real English in New York**

100%
뉴욕 현지
리얼리티 영어

 **LET'S START**

문자메시지 줄임말 표현

뉴요커 다희 씨가 친구에게 문자메시지를 보내고 있습니다. 어떤 문자메시지를 보내는지 살펴볼까요?

? 영어로 어떻게 말할까요?

1 집에 가는 중, 아마 가자마자 쓰러져 잘 듯.

힌트 head, crash

2 ㅋㅋㅋ 그러게, 그치만 이겨 내고 얼른 자.

힌트 get, bed

궁금증 해결은
다음 페이지에서 !

AMERICAN CULTURE

영어의 줄임말(abbreviation)

우리나라처럼 영어권도 10~20대는 물론 가까운 사이에서는 문자나 채팅을 할 때 줄임말을 많이 사용합니다. 아무래도 문자나 채팅은 스피드가 중요하다보니 빠른 소통을 위해 줄임말을 많이 쓰게 되는데요. 일상생활에서 자주 사용하는 표현을 몇 개 알아 두고 외국인 친구들과 문자할 때 직접 사용해 보세요. 하지만 격식을 차려야 하는 비즈니스나 공식적인 자리에서는 이런 줄임말을 사용하는 것은 주의해야 합니다.

꼭 알아야 할 필수 채팅 약어

TGIF = Thank God It's Friday (불금이다)
BRT = Be right there (금방 갈게)
CYT = See you tomorrow (내일 봐)
BTW = by the way (그런데)
THX = Thanks (고마워)
KISS = Keep it simple, stupid (이봐, 간단히 해)
ATM = At the moment (지금)

CORE SENTENCES

영어 표현에 관한 궁금증을 해결해 볼까요?

1

집에 가는 중, 아마 가자마자 쓰러져 잘 듯.
I'm heading home, probably going to crash ASAP.

head는 '머리, 책임자'라는 뜻으로 알고 있을 텐데요. 동사로 쓰일 때는 '향하다'라는 의미예요. 여기서
처럼 **head home** 하면 (머리가) 집을 향하는 거니까 '집에 가다'라고 이해하면 기억하기 쉬워요.

Slowly, he nodded his head again.
천천히 그는 고개를 다시 끄덕였어요.

I'm heading back to my room.
제 방으로 돌아가려고 해요.

crash는 '충돌하다, 부딪히다'라는 뜻으로 많이 쓰는데요. 비격식체(**informal**)로 쓰여 '잠이 들다, 쓰러
지다'라는 의미도 됩니다. **be going to crash**는 여기서 '쓰러질 것 같다(잠이 들 것 같다)'는 뜻으로
쓰였어요.

I feel like I'm going to crash soon.
나 금방이라도 쓰러질 것 같아요.

ASAP(= as soon as possible)는 '가자마자, 최대한 빨리'라는 뜻입니다.

I want to go home as soon as possible.
가능한 한 빨리 집에 가고 싶어요.

Please send me your reply as soon as possible.
가능한 한 빨리 답신을 보내 주세요.

➕ 추가 표현

as 형용사/부사 as possible은 '가능한 한~/될 수 있는 대로~'라는 의미예요. 아래 예문을 통해 살
펴볼게요.

Make a snowman as big as possible.
가능한 한 크게 눈사람을 만드세요.

I want to finish the work as fast as possible.
가능한 한 빨리 그 일을 끝내고 싶어요.

12

2

ㅋㅋㅋ 그러게, 그치만 이겨 내고 얼른 자.

HAHA lol. I know, but get over it and get to bed.

HAHA 또는 **lol**(=laugh out loud)은 문자나 채팅을 할 때 많이 쓰는 약어로 우리말의 'ㅋㅋㅋ' 정도의 느낌이에요. 사실 별로 웃기지 않지만 분위기를 부드럽게 만들기 위해서 그냥 막 쓰기도 해요. 하지만 별로 친하지 않은 사람이나 회사 상사한테 쓰지 않아요. 그건 우리나라와 비슷해요. 친구들과 가벼운 분위기로 즐겁게 채팅할 때 쓰기 좋은 약어에요.

➕ 추가 표현

웃음을 나타내는 단어로 **laugh**(웃다), **giggle**(낄낄거리다), **smile**(미소 짓다), 소리 없이 활짝 웃다(**grin**), **crack up**(박장대소하다) 등이 있는데요. 어떤 차이점이 있는 지 아래 예문을 통해 느껴 볼까요?

People could not stop giggling while they were watching the show.
사람들은 그 쇼를 보는 동안 낄낄거리는 것을 멈추지 않았어요.

He grinned broadly at her. 그는 그녀를 보고 활짝 웃었어요.

I cracked up so hard on the subway. 나는 지하철에서 완전 빵 터졌어요.

get over it은 비격식체로 '그걸 잊어버리다'라는 뜻으로 쓰여요. 이때는 **forget about it**의 의미로 쓰였다고 볼 수 있어요.

She will get over it[forget about it]. It is said that time heals all wounds.
그녀는 잊어버릴 거예요. '시간이 약이다'라는 말도 있잖아요.

go to bed와 비슷한 표현으로 **get to bed**를 쓸 수 있어요.

I usually get to bed before 11:00 each night.
나는 주로 매일 밤 11시 전에 잠자리에 들어요.

뉴요커 다희 씨가 친구에게 문자메시지를 보내는 내용입니다. 앞에서 배웠던 표현을 확인해 보세요!

Friend	WYD?
Dahee	**1** 집에 가는 중, 아마 가자마자 쓰러져 잘 듯.
Friend	I can't believe the weekend is already over, it's unfair!!
Dahee	**2** ㅋㅋㅋ 그러게, 그치만 이겨 내고 얼른 자.

친구	뭐해?
다희	**1** I'm heading home, probably going to crash ASAP.
친구	주말이 벌써 끝났다니 말도 안 돼, 억울해!!
다희	**2** HAHA lol. I know, but get over it and get to bed.

| WORDS |

WYD 뭐해?(= What are you doing?)   be over 끝나다   unfair 불공평한(이건 말도 안 돼)

02 신조어 표현

뉴요커 다희 씨가 먹방 유튜브에 대해 얘기하고 있습니다. 어떤 신조어로 먹방을 묘사하는지 살펴볼까요?

[?] 영어로 어떻게 말할까요?

1 미치겠다. 이 소리가 내 귀엔 마치 음악 같아요.

(힌트) insane, sound

2 수고하세요. 너무 멋있어요.

(힌트) keep, GUCCI

궁금증 해결은
다음 페이지에서 [!]

AMERICAN CULTURE

인싸들의 신조어

언어는 시대에 따라 유행어나 줄임말이 변하고, 신조어들이 매일매일 탄생합니다. 한국어뿐만 아니라 세계 모든 언어도 신조어가 생기는데요. 특히 십대들의 신조어는 빠르고 특이하죠. 영어 신조어를 알아 두면 원활한 회화가 이루어질 수 있고 언어에 대해 더욱더 흥미를 느낄 수 있습니다. 세련된 표현을 원한다면 계속해서 생겨나는 영어 신조어에 관심을 가져 보시기 바랍니다. 그럼 핫한 신조어 몇 개 알아보고 갈까요?

- This is dank. 이거 완전 쩐다!
- hangry = hungry + angry 배고파서 짜증이 나는
  예시. I'm getting hangry. 배고파서 슬슬 짜증이 날 것 같다.
- brekky [brekkie] 아침 식사(호주 slang)
  예시. I want just coffee for brekky. 아침으로 그냥 커피 한 잔 주세요.
- staycation = stay + vacation 집이나 집 근처에서 보내는 휴가

영어 표현에 관한 궁금증을 해결해 볼까요?

1 미치겠다. 이 소리가 내 귀엔 마치 음악 같아요.

This is insane. This sound is like music to my ears.

insane은 **crazy**와 비슷한 뜻으로 '제정신이 아닌, 미친'이라는 부정적인 의미도 있지만, 긍정적인 의미로 쓰일 때도 있습니다. 여기서 **This is insane.**은 '대박! 쩐다!'라는 뜻으로 긍정과 부정의 상황에서 모두 쓸 수 있는 표현이에요. 처음부터 긍정이다, 부정이다 단정 짓지 말고 상황에 맞게 뉘앙스를 이해하는 게 중요합니다.

What am I going to do? This is insane.
나 어떡해? 진짜 큰일 났어.

It was insane. I didn't see it.
대박이었는데. 나 못 봤어.

➕ 추가표현

강조를 할 때는 **so**나 **absolutely**를 넣어 This is so insane. 혹은 This is absolutely [completely] insane.이라고 할 수 있습니다.

The performance was amazing. It was absolutely[so] insane.
공연은 굉장했어요. 이건 정말 쩔어요.

Something is music to my ears.는 '내 귀에 음악 같다.' 즉, '듣던 중 반가운 소리다. 너무 듣기 좋다.'라는 뜻으로 한마디로 '쩐다'라고 할 수 있어요.

_____ **is music to my ears.**
My children's laughter 내 아이들의 웃음소리
What he says 그가 하는 말
The sound of rain 빗소리

➕ 추가표현

누군가 반가운 말을 하면 '듣던 중 반가운 소리다'라는 말을 하는데요. 그 때 쓸 수 있는 표현을 더 알아볼게요.

I'm glad to hear that.
= I'm pleased to hear that.

수고하세요. 너무 멋있어요.

Keep up the good work. It's GUCCI.

Keep up the good work.는 '조금만 더 힘내세요. 지금처럼만 하면 돼요. 열심히 하세요. 잘 마무리 하세요.'라는 의미로 업무용 서신이나 전화를 끊을 때 씁니다. 또한 '응원합니다.'라는 숨은 뜻(**hidden message**)도 있답니다. 비슷한 표현으로 **Keep it up.**도 있습니다.

Your grades are fine, Grace. Keep up the good work.
성적 좋은데, 그레이스. 계속 지금처럼만 해.

You're doing a great job. Keep it up.
정말 잘 하셨어요. 계속 수고하세요.

It's GUCCI.는 신조어예요. 두 가지 뜻으로 쓰이는데요. 하나는 '너무 멋있다. 뽀대난다.'라는 의미이고요. 또 '괜찮다(**It's all[so] GUCCI. = It's no problem. = It's all fine.**)'라는 의미로 쓰일 때도 있어요. 상황에 맞게 이해하는 게 중요합니다.

A: What have you been?
요새 어떻게 지내?

B: Everything's Gucci. I've just been a little busy.
다 좋아. 그냥 좀 바빴어.

뉴요커 다희 씨가 먹방을 묘사하는 내용입니다. 앞에서 배웠던 표현을 확인해 보세요!

1 미치겠다. 이 소리가 내 귀엔 마치 음악 같아요.
2 수고하세요. 너무 멋있어요.

1 This is insane. This sound is like music to my ears.
2 Keep up the good work. It's GUCCI.

|WORDS|

keep up 계속되다

뉴요커 다희 씨가 카페에서 닭살 커플을 봤는데요. 어떻게 오글거리는 감정을 묘사하는지 살펴볼까요?

? 영어로 어떻게 말할까요?

1 짧은 얘기 하나 할게요.
힌트 little story

2 커플이 닭살스럽게 행동할 때요. 보기 좋기도 하잖아요.
힌트 lovey-dovey

3 (그들은) 부둥켜 안고 있었어요.
힌트 all over, each other

4 공공장소에서 애정 행각
힌트 PDA

궁금증 해결은
다음 페이지에서 !

CORE SENTENCES

영어 표현에 관한 궁금증을 해결해 볼까요?

---

1 짧은 얘기 하나 할게요.

Tell you a little story.

Let me tell you a little story.는 '짧은 얘기 하나 해 드릴게요.'라는 의미인데요. 앞에 **Let me**가 생략된 형태입니다. **little story**는 '작은 이야기(X)'가 아니라 '짧은 이야기(O)'라는 의미예요. **little** 자리에 여러 가지 형용사를 넣어서 다양한 상황에서 쓸 수 있습니다.

Let me tell you a _____ **story.**
          little 짧은
          long 긴
          great 멋진

---

2 커플이 닭살스럽게 행동할 때요. 보기 좋기도 하잖아요.

When couples act very, like, lovey-dovey because it's good to see.

---

act lovey-dovey는 '알콩달콩하게[닭살스럽게] 행동하다'라는 뜻으로 커플이 닭살스럽게 행동할 때 쓸 수 있습니다.

The café was still crowded with lovey-dovey couples.
그 카페는 닭살 커플로 가득 찼어요.

because는 '~ 때문에'라는 뜻의 접속사로 이유를 말할 때 씁니다.

You should take the subway because traffic is really bad.
지하철을 타는 게 좋겠어요. 지금 교통이 너무 안 좋아요.

it's good to see는 '보기 좋을 때도 있다'라는 의미예요.

3

(그들은) 부둥켜 안고 있었어요.

They were all over each other.

all over는 '곳곳에'라는 의미예요. 따라서 **all over each other**는 '부둥켜 안고 있었다'는 상황을 표현한 건데요. 좋아하는 연인끼리 서로 부둥켜 안고 있는 상태를 나타내요. 이런 모습을 아름답게 보는 사람도 있지만 싫어하는 사람도 있을 텐데요. 그럴 때' 역겨운'이라고 할 때는 **gross things**라고 합니다.

My body aches all over. 몸 여기저기가 다 아파요.

4

공공장소에서 애정 행각

PDA, Public Display of Affection

PDA(Public Display of Affection)는 '공공장소에서의 애정 행각'을 말해요.

No PDA in school
학교에서 애정 행각 금지

 추가 표현

cringe는 '오글거리다, 민망하다', **cheezy**는 '느끼한'이라는 의미인데요. 아래 문장을 통해 느껴 보세요.

Oh, my! Oh, my! It makes me cringe. 아, 진짜! 너무 오글거려요.

It's too cheezy. 너무 느끼해.

I only have eyes for you. 내 눈에는 너밖에 안 보여.

My heart goes pit-a-pat[피터팻]**.** 심장이 두근거려.

REAL SITUATION in NEW YORK

🎧 03. mp3

뉴요커 다희 씨가 오글거리는 감정에 대해 묘사하고 있어요. 앞에서 배웠던 표현을 확인해 보세요!

So, **1** 짧은 얘기 하나 할게요. I saw a couple. And it's like I can't … it's not like I can't handle, **2** 커플이 닭살스럽게 행동할 때요. 보기 좋기도 하잖아요. They were like, not only they were just holding hands... **3** (그들은) 부둥켜 안고 있었어요. He was, like, oh... I don't know what are some gross things like couples say to each other... "Oh... I don't want to blink because that means I lose more time to see you." **4** 공공장소에서 애정 행각.

자, **1** tell you a little story. 커플을 봤는데요. 그리고 제가 그런 걸… 못 참고 그러는 건 아니에요, **2** when couples act very, like, lovey-dovey because it's good to see. 그 커플은 그냥 손만 잡는 게 아니라… **3** They were all over each other. 남자가, 막, 어후… 커플끼리 서로 하는 오글거리는 말 같은 걸 제가 잘 몰라서… "아… 눈도 깜박이고 싶지 않아, 왜냐면 그건 널 볼 수 있는 시간이 줄어드는 거니까." **4** PDA, Public Display of Affection.

| WORDS |

gross 역겨운   each other 서로서로

22

04 프로필 사진 묘사

뉴요커 다희 씨가 프로필 사진을 보고 있어요. 어떻게 사진을 묘사하는지 살펴볼까요?

[?] 영어로 어떻게 말할까요?

1 **이거 너야? 진짜 잘 나옴!**

[힌트] look

2 **농담이야, 이 사진 진짜 예쁘게 나온 것 같아.**

[힌트] good, photo

궁금증 해결은
다음 페이지에서 [!]

 **CORE SENTENCES**

영어 표현에 관한 궁금증을 해결해 볼까요?

이거 너야? 진짜 잘 나옴!

Is this really you? Looks good!

this는 photo를 가리킵니다. **Is this really you?**는 '이거 진짜 너야?'라는 뜻입니다. 사진이 잘 나왔다고 할 때 **Looks good.**으로 표현할 수 있습니다. 주어로 **It(The photo)**이 생략되었다고 볼 수 있습니다. **nice**도 '멋진, 좋은'이라는 뜻이지만 **good** 대신에 **nice**를 쓰면 조금 어색합니다.

Thankfully, the photo looks good.
다행스럽게도 사진이 잘 나왔네요.

Your photos look really good.
사진이 정말 잘 나왔어요.

➕ 추가 표현

어떤 사람이 잘생겼다라고 할 때 **handsome**이 가장 먼저 떠오를 텐데요. **handsome**과 비슷한 단어가 **good-looking**입니다. 남자한테 주로 사용하지만 남녀 상관 없이 쓸 수 있습니다. 또 사람＋**look good**도 어떤 사람이 '잘생겼다'라는 의미가 있습니다. **handsome** 이외에 다양한 표현으로 잘생김을 말해 보세요.

He's handsome.
= He's good-looking!
= He looks really good.
그 사람 진짜 잘생겼어.

또, '잘 생겼다'는 칭찬과 비슷하게 '멋지다(**cool**)'나 '매력적이다(**appealing**)'이라는 표현도 자주 씁니다.

He is the coolest man on the earth.
그는 지구에서 가장 멋진 남자야.

Something looks good on you.처럼 사물이 주어로 오면 새 옷을 입었거나 무엇을 새로 착용했을 때 '잘 어울린다'라는 뜻이에요.

The coat looks good on you.
그 코트 너한테 잘 어울려.

I think it doesn't look good on you.
이것은 당신에게 잘 안 어울리는 거 같아요.

농담이야, 이 사진 진짜 예쁘게 나온 것 같아.

Just kidding, I think you look really good in this photo.

Just kidding은 '농담한 거야'라는 뜻으로 **I'm just kidding.**에서 **I'm**을 생략한 형태입니다. 이와 비슷한 표현으로 **It was only a joke.**도 있어요.

A: Are you serious? 너 진심이야?
B: No, I'm just kidding.[It was only a joke.] 아니, 농담한 거야.

in this photo의 **photo**는 **picture**라고 할 수도 있습니다. **I think**는 '~인 것 같아'라는 의미로 내 생각을 말할 때 써요.

I think this is the best place to take a picture of the view.
이곳이 경치 사진을 찍을 때 최고의 장소인 것 같아요.

➕ 추가 표현

이외에도 사진에 대해 말할 때 쓸 수 있는 표현을 몇 가지 더 알아볼게요.

candid는 '솔직한'이라는 의미도 있지만, 사진이 '자연스럽게 나왔네.'라고 말할 때도 **candid**를 씁니다.
This photo is very candid.
이 사진 정말 자연스럽게 나왔다.

flatter는 '아첨하다'라고 할 때 쓰기도 하지만 '(실제보다) 근사해 보이다'라는 의미도 있습니다.
This picture flatters you.
이 사진이 실물보다 잘 나왔네.

간혹 사진 찍는 걸 수줍어하거나 싫어하는 경우도 있는데요. 그럴 때 **camera shy**라고 말하면 됩니다.
Sorry. I'm a little camera shy.
미안해요. 사진 찍히는 걸 별로 안 좋아해요.

실물이 있는 그대로 잘 나오거나 더 잘 나오는 경우 '사진발'이 잘 받는다고 하는데요. 그때 **photogenic**을 씁니다.
You're so photogenic.
너 진짜 사진발이 잘 받는다.

뉴요커 다희 씨가 프로필 사진을 묘사하는 내용입니다. 앞에서 배웠던 표현을 확인해 보세요!

Dahee　**1** 이거 너야? 진짜 잘 나옴!

　　　　2 농담이야, 이 사진 진짜 예쁘게 나온 것 같아.

다희　**1** Is this really you? Looks good!

　　　2 Just kidding, I think you look really good in this photo.

05 ▶ 신나는 감정 묘사

뉴요커 다희 씨한테 좋은 일이 생겼어요. 신나는 감정을 어떻게 묘사하는지 살펴볼까요?

[?] 영어로 어떻게 말할까요?

1 **저 진짜 신나서 어젯밤에 잠을 한숨도 못 잤어요.**
[힌트] excited, sleep

2 **흥분돼서 어쩔 줄 모르겠어요**
[힌트] overwhelmed, excitement

궁금증 해결은
다음 페이지에서 [!]

영어 표현에 관한 궁금증을 해결해 볼까요?

1

저 진짜 신나서 어젯밤에 잠을 한숨도 못 잤어요.

I'm so excited, I couldn't sleep at all last night.

'기분 좋은' 하면 **happy**를 많이 떠올릴 텐데요. 진짜 너무 신나 기분이 좋은 상태는 **excited**라고 합니다. '신이 난, 기대되는'의 뜻을 강조할 때는 앞에 **so**를 쓸 수 있어요.

I'm so happy because spring is my favorite season.
정말 기분이 좋아요, 왜냐하면 봄은 제가 가장 좋아하는 계절이기 때문이에요.

She is so excited because Christmas is coming.
그녀는 너무 신났어요, 크리스마스가 다가오고 있으니까요.

 추가 표현

excited와 **exciting**은 쓰임새가 헷갈릴 때가 있는데요. 다음 예문을 통해 그 차이점을 느껴 보세요.

excited처럼 **-ed**로 끝나는 단어는 사람이 느끼는 감정을 표현합니다.
I'm so excited. I'm going to go to New York. 나 너무 신나요. 뉴욕에 갈 거예요.

exciting은 상황 자체에 대한 것을 표현합니다.
Going to New York is really exciting. 뉴욕에 가는 건 진짜 신나요.

not ~ at all은 부정을 더 강하게 표현할 때 끝에 **at all**을 붙여요. '전혀 ~하지 못하다'는 의미가 됩니다.
I couldn't eat at all. 전혀 먹을 수가 없었어요.

They couldn't understand at all. 그들은 전혀 이해할 수 없었어요.

 추가 표현

not at all은 '별말씀을요'라는 의미로 상대방의 감사를 정중하게 받아들일 때 쓸 수 있어요.
A: Thank you a lot.
B: Not at all. = You're welcome. = Don't mention it. = My pleasure.

2

흥분돼서 어쩔 줄 모르겠어요.

I'm overwhelmed with excitement.

overwhelmed는 '압도된, 벅찬, 몸 둘 바를 모르는'이라는 의미예요. 따라서 **be overwhelmed with excitement**는 '흥분돼서 어쩔 줄을 모르다'는 뜻이 됩니다.

I'm overwhelmed with _____.

         work 일
         joy 기쁨
         stress 스트레스
         happiness 행복감

 추가표현

'기분이 굉장히 좋다, 매우 행복하다'는 **be over the moon**으로 표현할 수 있어요.

I am over the moon at this moment.

지금 이 순간 진짜 기분이 좋아요.

뉴요커 다희 씨가 신나는 감정을 묘사하고 있어요. 앞에서 배웠던 표현을 확인해 보세요!

Dahee I slipped it in my friend's ear that he was coming to New York and yesterday she texted me, and she got concert tickets for us to go see him together. And, **1** 저 진짜 신나서 어젯밤에 잠을 한숨도 못 잤어요. I can't even talk right and **2** 흥분돼서 어쩔 줄 모르겠어요 and oh, my gosh!

다희 제가 친구한테 지나가는 말로 그 아티스트가 뉴욕에 온다고 했어요. 그리고 어제 친구가 문자를 보내서는, 그 아티스트를 함께 보러 가려고 콘서트 티켓을 구했다는 거죠. 그래서 **1** I'm so excited, I couldn't sleep at all last night. 지금 말도 제대로 안 나오고 **2** I'm overwhelmed with excitement, 아, 정말!

| WORDS |

slip (살며시) 놓다   **text** 문자를 보내다

뉴요커 다희 씨가 **SNS**에 올라온 풍경 사진을 묘사하고 있습니다. 어떻게 풍경을 묘사하는지 살펴볼까요?

[?] 영어로 어떻게 말할까요?

1 이 사진 완전 죽여주네요.
  [힌트] kill

2 이 사진 불태웠다.
  [힌트] fire

3 이 사진 너무 멋있어요, 정말 대단해요.
  [힌트] cool, LIT

궁금증 해결은
다음 페이지에서 [!]

영어 표현에 관한 궁금증을 해결해 볼까요?

1

이 사진 완전 죽여주네요.
You totally killed this photo.

kill it은 속어로 '죽여준다'라는 의미입니다. 여기서 totally kill은 '~을 완전 잘했다'라는 뜻입니다. 그래서 You totally killed this photo. 하면 '이 사진 완전 죽여주네요.' 즉 '완전 잘 찍었네요.'라는 뜻이 됩니다.

Brian killed it on drums.
브라이언은 드럼을 죽이게 잘 쳤다.

kill에는 '시간을 죽이다', '힘들게 하다'라는 의미도 있는데요. 아래 예문을 통해 그 의미를 느껴 보세요.

kill은 '시간을 죽이다'라는 뜻도 있어요.
I was just killing time surfing the Web.
인터넷을 보면서 시간을 때우고 있었어요.

'주어＋kill＋목적어'는 '주어가 목적어를 아프게 하다[힘들게 하다]'라는 뜻도 있어요.
My headache is killing me.
두통 때문에 죽겠어요.

Too much love will kill you. (영국 록그룹 Queen의 노래 중 하나)
너무 깊은 사랑은 가슴 아파요.

2

이 사진 불태웠다.
This picture is fire.

fire는 속어로 '짱 멋진, 대단한'이라는 의미입니다. 그래서 This picture is fire.라고 하면 '이 사진 너무 멋있어요.'라는 뜻입니다. 열정을 쏟아서 불태웠다라고 생각하면 이해하기 쉬울 거예요.

The song is really fire.
이 노래 정말 끝내주네요.

이 사진 너무 멋있어요, 정말 대단해요.
This picture is so cool, so LIT.

cool은 '시원한, 차분한'이라는 뜻도 있지만 비격식체(informal)로 쓰여 '신기한, 놀라운, 멋진'이라는 의미로도 쓰입니다. 여기서 **This picture is so cool.**은 '이 사진 진짜 멋지다.'라는 뜻이에요.

You really look cool in those shoes.
그 신발 신고 있으니까 진짜 멋져.

➕ 추가 표현

cool은 '시원한, 멋진, 차분한' 등의 여러 가지 뜻으로 쓰입니다. '멋진'이라는 뜻일 때는 **fantastic**(기막히게 좋은), **terrific**(멋진), **awesome**(굉장한) 등으로 바꿔 쓸 수 있어요.

My holiday was fantastic!
내 휴가는 끝내줬어.

The picture looks terrific.
사진이 정말 멋있어 보여.

The concert was awesome.
콘서트가 환상이야.

LIT은 속어로 '대박, 쩌는'이라는 의미입니다.

The animation is lit.
그 애니메이션 대박이야.

➕ 추가 표현

lit은 '취한(=drunk)'이라는 의미도 있어요.

I'm so lit.
나 너무 취했어.

뉴요커 다희 씨가 SNS에 올라온 풍경 사진을 묘사하는 내용입니다. 앞에서 배웠던 표현을 확인해 보세요!

Dahee For this account, I really like it because she uploads very minimalistic but creative pictures. So it's... a good account to get inspiration from.

1 이 사진 완전 죽여주네요.

2 이 사진 불태웠다.

3 이 사진 너무 멋있어요, 정말 대단해요.

다희 이 계정이요, 제가 정말 좋아하는데요, 왜냐면 되게 미니멀하면서도 창의적인 사진을 많이 올리거든요. 그래서… 영감을 얻기 좋은 계정이에요.

1 You totally killed this photo.

2 This picture is fire.

3 This picture is so cool, so LIT.

| WORDS |

account 계정   **minimalistic** 단순한   **get inspiration** 영감을 받다

07 ▶ 억울한 감정 묘사

뉴요커 다희 씨가 억울한 일을 겪어 속상해 합니다. 어떻게 억울한 감정을 묘사하는지 살펴볼까요?

[?] 영어로 어떻게 말할까요?

1 심부름 좀 하고 집으로 돌아가는 길인데요.
[힌트] on my way, errand

2 여자분이 지갑을 떨어뜨려서 제가 그걸 주웠어요.
[힌트] drop, pick

3 제가 마치 훔친 것처럼 (그 사람들이) 절 봤어요.
[힌트] almost, steal

궁금증 해결은
다음 페이지에서 [!]

AMERICAN CULTURE

억울할 때 쓸 수 있는 표현

영어로 한국어 표현이 안 되는 것 중 하나가 바로 이 '억울하다'는 말입니다. 그러나 억울한 상황에 처했을 때 그 상황에서 느끼는 감정을 표현할 수는 있습니다. 예를 들어, 내가 한 일이 아닌데 오해 받을 경우 '내가 한 게 아니에요.'라고 말할 수 있겠죠. 그럴 때 It wasn't me.라고 합니다. 또 상대방이 내가 한 말을 오해했을 때는 You got me wrong.(오해야.)이라고 말할 수 있습니다. 마지막으로 부당한 일을 당했을 때는 This is not fair! What did I do to deserve this?(이건 공정하지 않아! 내가 왜 이런 일을 당해야 하는 거지?)처럼 쓸 수 있습니다.

CORE SENTENCES

영어 표현에 관한 궁금증을 해결해 볼까요?

---

1 심부름 좀 하고 집으로 돌아가는 길인데요.
I am on my way back home from running some errands.

---

on my way back home은 '집으로 가는 길에 있다', 즉 '집에 가는 길이다'라는 의미입니다.

A: Where are you? 어디야?
B: (I'm) on my way home. 집에 가는 중이야.

run some errands는 '심부름을 하다'라는 뜻이에요. 심부름을 할 때 뛰어서 여기저기 가기도 하잖아요. 그래서 **run**이라는 동사를 쓴다고 생각하면 기억하기 쉽겠죠.

He ran errands for his mom.
그는 엄마 심부름을 했어요.

---

2 여자분이 지갑을 떨어뜨려서 제가 그걸 주웠어요.
She dropped her wallet so I picked it up.

---

drop은 '(풍덩) 떨어뜨리다, 떨어지다'라는 뜻이에요. 그래서 **drop one's wallet** 하면 '지갑을 떨어뜨리다'라는 뜻이고요. '지갑을 잃어버리다'는 **lose one's wallet**, '지갑을 찾다'는 **find one's wallet**이라고 합니다. '지갑을 줍다'는 **pick up**이라고 해요. 이렇게 관련 있는 표현끼리 알아 두면 기억하기 쉬워요.

I lost my wallet in the parking lot at Barnes and Noble last year.
나는 작년에 반즈앤노블 주차장에서 지갑을 잃어버렸어요.

I found his wallet in the parking lot yesterday.
어제 주차장에서 그의 지갑을 찾았어요.

3
제가 마치 훔친 것처럼 (그 사람들이) 절 봤어요.

They looked at me like I almost stole the wallet.

---

look at은 '~을 보다'라는 뜻으로 '무엇을 보기 위해 눈을 그것을 향해 돌리다'는 의미입니다.

I looked at the woman again and took another sip of tea.
나는 그녀는 다시 쳐다보고 나서 차를 한 모금 마셨어요.

like는 '마치~처럼'이라는 뜻으로 접속사로 **as if**와 비슷한 뜻입니다.

They look at me as if I stole the wallet.
그들은 내가 마치 지갑을 훔친 것처럼 나를 쳐다봤어요.

almost는 '거의'라는 의미로 어떤 일이 마무리가 다 되어 가지만 완전히 끝나거나 완성되지 않은 상태를 말해요.

I almost finished reading that book.
나는 그 책을 거의 다 읽었어요.

➕ 추가 표현

'보다'라고 할 때 **look** 이외에 **watch, see** 등이 있는데요. 각 단어마다 조금 차이가 있습니다. **look**은 어떤 것을 보기 위해 특정한 방향으로 보다라는 의미입니다. **watch**는 시간이나 관심을 기울여서 보다, **see**는 방송, 영화, 공연 등을 보다 또는 구경하다는 의미입니다. 다음 예문으로 뉘앙스를 느껴보세요.

The baby looked at the mother and smiled.
아이가 엄마를 보고 미소 지었다.

After work, I enjoy watching TV.
일 끝나고, TV 보는 것을 좋아해요.

I am going to go see a movie tomorrow.
내일 영화를 보러 갈 거예요.

뉴요커 다희 씨가 억울한 감정을 이야기하는 내용입니다. 앞에서 배웠던 표현을 확인해 보세요!

Hi! **1** 심부름 좀 하고 집으로 돌아가는 길인데요. **2** 여자분이 지갑을 떨어뜨려서 제가 그걸 주웠어요 **and I went and tried giving it to her, and as soon as I gave it to her** **3** 제가 마치 훔친 것처럼 (그 사람들이) 절 봤어요.

안녕하세요! **1** I am on my way back home from running some errands. **2** She dropped her wallet so I picked it up 그리고 그 여자분에게 그 지갑을 주려고 갔어요, 그리고 제가 지갑을 건네주자마자 **3** they looked at me like I almost stole the wallet.

|WORDS|

try -ing ~하려고 애쓰다   **as soon as** ~하자마자

뉴요커 다희 씨가 이웃과 대화를 나누고 있습니다. 어떤 대화를 나누는지 살펴볼까요?

[?] 영어로 어떻게 말할까요?

1 **지금은 완전 겨울옷을 껴입었다니까요.**
[힌트] full-on, winter outfit

2 **드디어 봄이 왔나 싶어서 신났었는데.**
[힌트] excited

3 **다시 따뜻해지면 좋겠어요.**
[힌트] come back out

궁금증 해결은
다음 페이지에서 [!]

CORE SENTENCES

영어 표현에 관한 궁금증을 해결해 볼까요?

 1

지금은 완전 겨울옷을 껴입었다니까요.

Now I'm in a full-on winter outfit.

full-on은 '최대의, 극도의'라는 뜻으로 어떤 것이나 활동이 그것이 가지고 있는 최대치로 되었을 때 쓰는 비격식적인 표현입니다. outfit은 '옷'이라는 뜻으로 winter outfit 하면 '겨울옷'을 말합니다.

The party was a full-on success.
그 파티는 아주 성공적이었어요.

She is wearing a new outfit every day.
그녀는 매일 새 옷을 입고 있어요.

2

드디어 봄이 왔나 싶어서 신났었는데.

I was so excited like spring is finally here.

I was so excited는 '신났다'라는 뜻이에요. **like**는 '~같아서'라는 의미의 접속사로 **like spring is finally here** 하면 '드디어 봄이 온 거 같아서'라는 뜻입니다.

I was so excited when I went to the market this week.
이번주에 시장에 갔을 때 정말 신났었다.

 추가표현

봄이 오면 며칠간 봄 날씨가 이어지다가 꽃샘추위로 인해 매우 쌀쌀한 날씨가 이어지기도 하는데요. '꽃샘추위'는 영어로 **the last cold snap**이라고 해요.
The last cold snap will continue for a few days.
꽃샘추위가 며칠 동안 계속될 거예요.

3

다시 따뜻해지면 좋겠어요.
Hopefully, the sun will come back out.

---

hopefully는 '바라건대'라는 뜻으로 기대나 희망을 얘기할 때 쓸 수 있는 부사예요.

Hopefully, the work will finish soon.
바라건대 일이 빨리 끝났으면 좋겠어요.

come out(=emerge)은 '모습을 드러내다, 나오다'라는 의미예요. 그래서 **come back out** 하면 '다시 나오다'라는 뜻입니다.

Hopefully, the decision will come out[will be made] in the next few days, so good luck, everyone.
바라건대 결정이 며칠 안에 나왔으면 좋겠네요. 그러니까 모두에게 행운을 빕니다.

The plane emerges from behind the clouds.
비행기가 구름 뒤에서 나옵니다.

➕추가표현

본문 대화문에서 처음 인사를 나누고 나서 헤어질 때 만나서 반가웠다는 인사를 다음과 같이 합니다.
It's a pleasure to meet you.
만나서 반가웠어요.

이에 대한 응답으로 **Please to meet you, too.**라고 할 수 있는데요. **Please to meet**을 생략해서 간단히 **You, too.**만 쓸 수도 있습니다.

뉴요커 다희 씨가 이웃과 대화를 나누는 내용입니다. 앞에서 배웠던 표현을 확인해 보세요!

Dahee	Hey, you live on the 12th floor?
Jonathan	Yeah.
Dahee	Oh, I just… I mean, I just figure out I would say "Hi", because I've seen you a few times in the elevator.
Jonathan	Oh, yeah yeah, I think I saw you yesterday. I'm Jonathan.
Dahee	Dahee, nice to meet you.
Jonathan	Dahee, nice to meet you, too.
Dahee	Yeah, how are you?
Jonathan	I'm doing all right. You know, the weather is kind of gloomy today.
Dahee	I know, it was so nice at the beginning of the week. I was running outside in shorts and like, shorts sleeves and **1** 지금은 완전 겨울옷을 껴입었다니까요.
Jonathan	I know. **2** 드디어 봄이 왔나 싶어서 신났었는데, and now I'm like, why did it go away so fast?
Dahee	Yeah, I know. I mean, I'll see you around.
Jonathan	Yeah. **3** 다시 따뜻해지면 좋겠어요. Pleasure to meet you.
Dahee	You, too. Bye.

다희	저기요, 12층 사시죠?
조너선	네.
다희	아, 제가… 그러니까, 인사 한번 하려고 했어요. 엘리베이터에서 몇 번 뵀었거든요.
조너선	아, 네네, 어제 뵌 것 같네요. 저는 조너선이에요.
다희	다희예요. 만나서 반가워요.
조너선	다희 씨, 저도 만나서 반가워요.
다희	네, 안녕하세요?
조너선	네, 안녕하세요. 오늘 날이 좀 흐리네요.
다희	그러게요, 이번 주 초에는 정말 좋았는데 말이에요. 반바지에 반팔을 입고 조깅할 정도였는데 **1** now I'm in a full-on winter outfit.
조너선	그러게요. **2** I was so excited like spring is finally here, 지금은, 봄이 왜 그렇게 빨리 갔죠?
다희	네, 그러게요. 그럼, 또 뵐게요.
조너선	네. **3** Hopefully, the sun will come back out. 만나서 반가웠어요.
다희	저도요. 안녕히 가세요.

| WORDS |

nice to meet you 만나서 반가워요   **gloomy** 어두운, 우울한   **see you around** 또 봐요

09 ▶ Small Talk – 직업

뉴요커 다희 씨가 이웃과 대화를 나누고 있습니다. 어떤 대화를 나누는지 살펴볼까요?

(?) 영어로 어떻게 말할까요?

1 좋아요. 기분 어때요?

[힌트] good

2 저는 33층에 살아요.

[힌트] live, floor

3 사실 요즘 새 직장을 찾는 중이에요.

[힌트] actually, look for

4 그냥 사무직이에요.

[힌트] have, job

5 여기 살기 어때요?

[힌트] how, like

6 혼자 사세요?

[힌트] live, by yourself

궁금증 해결은 다음 페이지에서 ❗

CORE SENTENCES

영어 표현에 관한 궁금증을 해결해 볼까요?

 1

좋아요. 기분 어때요?
I'm good. How are you doing?

상대방이 **How are you?**라고 물었을 때 **I'm good.** 하고 대답을 하고 나서 상대방에게도 안부를 묻는게 좋은 매너입니다. **I'm good.**과 비슷한 표현으로 다음과 같은 것들이 있습니다.

I'm good.
= I'm fine.
= Great.
(인사에 대한 답변으로) 좋아요.

 2

저는 33층에 살아요.
I live on the 33rd floor.

몇 층에 산다고 말할 때 **thirty three**라고 말하면 안 되고요. '서수＋**floor**'로 대답해야 해요. 그래서 '33층'이면 **thirty third floor**라고 합니다. '~에 산다'라고 할 때 **live** 동사를 쓰는데요. '(어떤 도시)에 살다'라고 할 때는 '**I live in**＋도시명'으로 말하면 되고요. '(몇 층)에 산다'라고 할 때는 '**I live on**＋건물층'으로 말합니다.

Nowadays, I live in Seoul with my family.
요즘 나는 가족하고 서울에서 살아요.

I live on the third floor.
저는 3층에 살아요.

➕ 추가표현

본문 대화문에서 **Oh, nice.**는 '아, 잘됐네요.'라는 뜻이에요. **nice** 단어 하나만 말해도 '아, 잘됐네요'라는 느낌이 있습니다.

3

사실 요즘 새 직장을 찾는 중이에요.

I'm actually, currently looking for a new job.

What do you do for work?(무슨 일 하세요?)라는 질문에 대답할 수 있는 표현이에요. **between jobs**도 '실직 상태인'이라는 비슷한 의미예요. 일상회화에서 **actually, currently**는 함께 잘 쓰여요. 여기서 **currently look for**는 '현재 새 직장을 찾고 있다'는 뜻입니다.

Why are you looking for a new job?
왜 새 직장을 찾고 있어요?

 추가 표현

'~을 찾다'라고 할 때 **search for**도 쓰는데요. 이 표현은 뭔가 자세히 조사하고, 수색하다라는 느낌이 있어요. 셜록 홈즈 같은 탐정이 사건을 이리저리 수사하는 느낌이 있습니다.
Sherlock Homes was searching for clues on London Bridge.
셜록 홈즈는 런던 브릿지에서 단서를 찾고 있었어요.

4

그냥 사무직이에요.

I just have an office job.

What are you doing?(어떤 일 하세요?)이라는 질문에 답할 때 쓸 수 있는 표현이에요. **What are you doing?**은 직역하면 '지금 뭘 하고 있어요?'이지만 직업을 물을 때도 이 표현을 씁니다. 이처럼 영어를 이해할 때 문자 그대로가 아니라 상황에 맞게 이해하는 게 중요합니다.

A: **What are you doing?** 무슨 일 하세요?
B: **I am a fund manager.** 펀드 매니저예요

office job은 사무실에서 근무하는 '사무직'을 뜻해요. 비슷한 표현으로 **white-collar job**도 있어요.

An office job is boring and monotonous.
사무직은 지루하고 단조로워요.

CORE SENTENCES

5

여기 살기 어때요?
How do you like living here?

How do you like~?는 '~은 어때요?'라는 뜻을 상대의 의견을 물을 때 쓰는 표현이에요. 이 대신에 **How is~?[How's~?]**(~는 어때요?)를 쓸 수도 있어요.

How do you like your new job?
새 직장은 어때요?

How is[How's] your new work?
새 직장은 어때요?

➕ 추가표현

집이 어떠냐고 물어봤을 때 집이 너무 마음에 들 경우 **to die for**를 써서 말할 수 있어요. **to die for**는 '끝내주는, 몹시 갖고 싶은'이라는 뜻이에요.
Great food. The seasonings are to die for.
정말 훌륭한 음식이에요. 양념이 정말 끝내줘요.

6

혼자 사세요?
Do you live by yourself?

---

live by yourself는 '혼자 살다'는 의미입니다. **Do you live alone?**도 같은 의미로 자주 쓰는 표현이에요.

A: Do you live by yourself? 혼자 사세요?
B: I have a roommate. 저는 룸메이트가 있어요.

46

🎧 09. mp3

뉴요커 다희 씨가 이웃과 대화를 나누는 내용입니다. 앞에서 배웠던 표현을 확인해 보세요!

Dahee	Hi.
Neighbor	Hi, good morning.
Dahee	Good morning, how are you?
Neighbor	**1** 좋아요. 기분 어때요?
Dahee	Good.
Neighbor	After you.
Dahee	Thank you. I just moved here to the 35th floor.
Neighbor	Oh, nice. **2** 저는 33층에 살아요.
Dahee	Oh, two floors down.
Neighbor	Yes.
Dahee	What do you do for work?
Neighbor	Well, **3** 사실 요즘 새 직장을 찾는 중이에요.
Dahee	Oh, OK. Well, good luck to you.
Neighbor	Thank you so much. What are you doing?
Dahee	**4** 그냥 사무직이에요. Boring. Nothing too exciting. **5** 여기 살기 어때요?
Neighbor	Oh, it's beautiful.
Dahee	I mean the view from my apartment is to die for.
Neighbor	Yes. It's nice. It's very clean and we have a nice doorman.
Dahee	Yeah. **6** 혼자 사세요?
Neighbor	Yes, I do. And you?
Dahee	I have roommates.
Neighbor	OK, nice!
Dahee	This is you?
Neighbor	That is me.
Dahee	OK. Well, see you around. Good luck on your job.
Neighbor	Thank you so much. All right, have a good one.
Dahee	You, too. Bye.
Neighbor	Bye.

다희	안녕하세요.
이웃	안녕하세요, 좋은 아침이에요.
다희	좋은 아침이죠, 기분 어때요?
이웃	**1** I'm good. How are you doing?
다희	좋아요.
이웃	먼저 타세요.
다희	감사해요. 저는 35층에 이사 온 사람이에요.
이웃	아, 잘됐네요. **2** I live on the 33rd floor.
다희	아, 두 층 아래 사시는군요.
이웃	네.
다희	무슨 일 하세요?
이웃	아, **3** I'm actually, currently looking for a new job.
다희	아, 그러시구나. 잘됐으면 좋겠네요.
이웃	감사해요. 어떤 일 하세요?
다희	**4** I just have an office job. 따분하죠. 뭐 특별할 것도 없고요. **5** How do you like living here?
이웃	아, 정말 좋죠.
다희	저희 집 전망이 정말 끝내주더라고요.
이웃	네. 정말 좋죠. 깨끗하기도 하고, 경비 아저씨도 좋으세요.
다희	맞아요. **6** Do you live by yourself?
이웃	네, 혼자 살아요. 그쪽은요?
다희	저는 룸메이트랑요.
이웃	그렇구나, 좋겠어요!
다희	(이번 층에서) 내리세요?
이웃	네, 맞아요.
다희	그렇군요. 그럼, 또 뵐게요. 일자리도 잘 구하시고요.
이웃	고마워요. 그럼, 좋은 하루 보내요.
다희	좋은 하루 보내세요. 안녕히 가세요.
이웃	안녕히 가세요.

| WORDS |

exciting 신나는, 흥미진진한   **doorman** 수위, 경비원

뉴요커 다희 씨가 친구와 대화를 나누고 있습니다. 어떤 대화를 나누는지 살펴볼까요?

⟨?⟩ 영어로 어떻게 말할까요?

1 여기 오다 보니까 네 스카프가 눈에 띄더라.

〔힌트〕 notice, on my way

2 어디서 샀어?

〔힌트〕 get

3 잠깐, 세일이 언제까지야?

〔힌트〕 when, end

4 근데 내가 똑같은 거 사도 괜찮아?

〔힌트〕 get, the same

궁금증 해결은
다음 페이지에서 〔!〕

영어 표현에 관한 궁금증을 해결해 볼까요?

 1

여기 오다 보니까 네 스카프가 눈에 띄더라.

I noticed your scarf on my way here.

I noticed는 직역하면 '내가 ~을 알아챘다'인데 이 말은 즉 '네 스카프가 눈에 들어오던데.'라는 뜻이에요. notice는 진행형(-ing)으로 쓰지 않아요.

I noticed _____.

> **your shoes** 네 신발
> **your big, beautiful eyes** 네 큰 아름다운 눈
> **your outfit** 네 옷

I'm noticing you're wearing a new scarf. (X)

➕ 추가 표현

이 표현을 '튀다, 눈에 띄다'라는 **stand out**으로 말할 수도 있습니다. 하지만 **stand out**은 눈에 띄는 대상이 주어로 오는 것이 **notice**와 다릅니다.

Your scarf stands out.
네 스카프 눈에 확 튄다.

notice는 명사로 쓰이면 '공고문, 안내문'이라는 뜻입니다.

There was a notice at the entrance saying that there were refurbishments in progress.
재단장 진행 중이라고 입구에 안내문이 있어요.

on one's[the] way는 '~하는 중에, ~하는 길에'라는 뜻이에요. 여기서는 **here**를 써서 **on my way here** 하면 '여기로 오는 도중에'라는 의미입니다.

I met him on my way here.
여기 오는 길에 그를 만났어요.

Can you pick it up on your way home?
집으로 오는 길에 찾아와 줄래요?

어디서 샀어?

Where did you get it?

누군가 새로운 무언가를 가지고 있거나 입고 있을 때 '어디서 났어?' 혹은 '어디서 샀어?'라는 의미로 쓸 수 있는 표현이에요. it은 the scarf를 가리켜요.

A: Where did you get that dress?

그 드레스 어디서 샀어?

B: I got it at the mall today.

오늘 쇼핑몰에서 샀어요.

➕ 추가 표현

get은 buy나 purchase와 같은 '사다'라는 뜻이에요. purchase는 앞의 두 단어와 다르게 조금 더 격식체로 쓰입니다. 그래서 **Where did you buy it?** 하면 '그거 어디서 샀어?'라는 뜻이 됩니다.

You can purchase apps and digital content on Boogle Play.

앱이나 디지털 컨텐츠는 부글 플레이에서 구입할 수 있습니다.

3

잠깐, 세일이 언제까지야?

Wait, when does the sale end?

end는 '끝, 끝이 나다'라는 의미예요. 그래서 **When does the sale end?**는 '세일이 언제까지야?'라는 뜻으로 친구 사이에 쓸 수 있는 비격식적(**informal**) 표현이에요. 반면에, 상점에 물어볼 때는 좀 더 격식적(**formal**)인 표현을 쓰면 좋은데요. **How long will ~ last?**를 써서 다음과 같이 말할 수 있어요.

This special offer ends tomorrow.

이번 특가판매는 내일 끝나요.

How long will the sale last?

세일을 얼마 동안 해요?

CORE SENTENCES

4

근데 내가 똑같은 거 사도 괜찮아?

Would you mind if I got the same one, though?

Would you mind if ~?는 직역하면 '~하는 것을 꺼리십니까?'라는 뜻인데요. 다시 말해 이 말은 '~해도 괜찮아요?'라고 남에게 정중히 요청하는 표현이에요. 그래서 괜찮다고 할 때는 **no**로, 안 괜찮다고 할 때는 **I'm afraid**라고 대답을 해야 하는데요. 우리말과 달라서 헷갈리시죠. 예문을 통해 한번 살펴볼게요.

A: **Would you mind if I close[closed] the door?** 문을 닫아도 될까요?
B: **No, I don't mind. [No, that's okay.]** 네, 괜찮아요.

A: **Would you mind if I borrow the book tonight?** 오늘 저녁에 책을 빌릴 수 있어요?
B: **I'm afraid that I do mind.** 아니오, 안 될 거 같아요.

Would you mind if I _____?
　　　　　　　　　asked you something 질문하다
　　　　　　　　　listened to the radio 라디오를 듣다

got은 **bought**와 **purchased**와 같은 뜻으로 '샀다'라는 의미예요.
I bought the same tablet as yours.
너랑 같은 태블릿을 샀어.

though는 말 끝에 써서 '앞에서 언급된 사실에도 불구하고, 그런데, 그렇지만'의 뜻으로 쓰였어요.
It is too expensive though.
하지만 그것은 너무 비싸요.

➕ 추가 표현

상대방이 무언가 새로운 패션 아이템을 하고 왔을 때 다음과 같은 표현을 써서 자연스럽게 칭찬할 수 있습니다.

It's nice. 좋은데요.
It's beautiful. 멋져요.
I like your hat[shoes]. 네 모자[신발] 예쁘다. (마음에 든다)

뉴요커 다희 씨가 친구와 대화를 나누는 내용입니다. 앞에서 배웠던 표현을 확인해 보세요!

Dahee	Hi!
Friend	Hey!
Dahee	How are you?
Friend	Good, how's it going?
Dahee	Good. The weather is so nice outside.
Friend	I know, it's beautiful. Finally.
Dahee	**1** 여기 오다 보니까 네 스카프가 눈에 띄더라.
Friend	Really?
Dahee	It's so cute.
Friend	Thanks, I just got it.
Dahee	Really? **2** 어디서 샀어?
Friend	In Soho.
Dahee	Oh, my gosh! I feel like I haven't seen anything like this.
Friend	It was on sale. It was so cheap.
Dahee	**3** 잠깐, 세일이 언제까지야?
Friend	I think… In a week or two?
Dahee	Oh… OK! We should go.
Friend	Yeah, let's do it.
Dahee	I wanna get it.
Friend	We should go today, are you free?
Dahee	Yeah.
Friend	OK, cool!
Dahee	**4** 근데 내가 똑같은 거 사도 괜찮아?
Friend	No, we should match.
Dahee	OK. It's so cute.
Friend	Thank you.

다희	안녕!
친구	안녕!
다희	어떻게 지내?
친구	잘 지내, 너는?
다희	잘 지내. 바깥 날씨 진짜 좋다.
친구	그러게, 정말 좋네. 드디어 말이야.
다희	**1** I noticed your scarf on my way here.
친구	그래?
다희	너무 예쁘다.
친구	고마워, 방금 산 거야.
다희	정말? **2** Where did you get it?
친구	소호에서.
다희	어머, 진짜! 난 이런 건 못 본 것 같은데.
친구	세일 중이야. 정말 싸.
다희	**3** Wait, when does the sale end?
친구	아마⋯ 1, 2주?
다희	아⋯. 그래! 우리 가 보자.
친구	그래, 그러자.
다희	나도 사고 싶어.
친구	우리 오늘 가자, 시간 괜찮아?
다희	응.
친구	좋아, 잘됐다!
다희	**4** Would you mind if I got the same one, though?
친구	그럼, 커플로 하면 되지.
다희	그래. 진짜 예쁘다.
친구	고마워.

|WORDS|

outside 바깥에

feel like ~인 것 같다

finally 마침내

on sale 할인 중인

get 사다

cheap 값이 싼

Small Talk – 가족 안부
(친구 가족 안부 물어볼 때)

뉴요커 다희 씨가 친구와 대화를 나누고 있습니다. 어떤 대화를 나누는지 살펴볼까요?

⁇ 영어로 어떻게 말할까요?

1 안녕? 반갑다.
힌트 good, see

2 어떻게 지냈어?
힌트 how, been

3 가족들은 어떻게 지내?
힌트 how

4 다들 잘 있어.
힌트 good

5 조만간 들러야겠다.
힌트 come over

6 정말 귀여워. 이제 4개월인데 정말 통통해.
힌트 precious, chubby

궁금증 해결은
다음 페이지에서 !

CORE SENTENCES

영어 표현에 관한 궁금증을 해결해 볼까요?

1

안녕? 반갑다.

How are you? Good to see you.

How are you?는 직역하면 '어떻게 지내?'라는 뜻이지만, 보통 안부 인사를 건넬 때 가장 많이 하는 질문입니다. 이와 비슷한 표현으로 **How are you doing?**이나 **How's it going?**(informal)을 쓰기도 해요.

Good to see you.는 '만나서 반가워.'라는 뜻이에요. 원래는 **It is good to see you.**라는 문장인데 일상회화에서는 **It is**를 생략하기도 해요.

2

어떻게 지냈어?

How have you been?

오랜만에 친구를 만났을 때 안부 인사로 **How have you been?**을 쓰는데요. '그동안 어떻게 지냈니?' 정도의 느낌입니다.

 추가 표현

이런 안부 인사에 대한 답변으로 기분의 정도에 따라 여러 가지 표현을 쓰는 게 가능합니다.

기분이 아주 좋을 때 쓸 수 있는 표현입니다.
So good. = I'm great. = I'm glad to see you.

100% 좋은 경우는 아니지만 조금 좋을 때나 보통일 때는 쓸 수 있는 표현입니다.
I'm fine. = I am good. = I am OK.

별일 없이 기분이 그저 그럴 때 쓸 수 표현입니다.
Not too bad. = So-so. = Nothing special. = Same as usual. = Not much.

3

가족들은 어떻게 지내?

How's your family?

How's는 **How is**의 축약형으로 '~은 어때?'라는 의미예요. **How's your family?**는 '가족들은 어때?'라는 뜻인데요. 가족을 한 단위로 생각해서 are가 아니라 is를 썼어요. 이렇게 **How is[are] ~?** 패턴을 써서 안부를 물을 수 있습니다.

How is[are] _____ ?

your parents

your wife / your husband / your daughter / your son

 추가표현

family는 단수로 취급하는 게 맞을까요, 아니면 복수로 취급하는 게 맞을까요? 정답은 상황에 따라 다르다는 겁니다. **family, team, crew** 같은 명사는 집합명사라고 하는데요. 그 의미를 생각해 보면 **family**(예: 엄마, 아빠, 아이 세 명), **team**(예: 야구는 한 팀이 9명), **crew**(예: 수십 명의 선원) 등 한 단어가 여러 명의 사람들을 표현하고 있어요. 그래서 이 단어를 하나의 전체로 취급할 때는 단수로, 개개인의 행위에 초점이 맞추어질 때는 복수로 취급해요. 영어는 단수인지 복수인지 정해야 동사를 결정하기 때문에 이걸 따지게 돼요. 하지만 한 가지로 고정되는게 아니라 같은 맥락 안에서도 단수로 취급해서 동사를 단수형을 쓸 수 있지만, 대명사는 복수로 쓸 수도 있어요.

The family next door is very noisy. They are never quiet.

옆집 식구들을 너무 시끄러워. 결코 조용한 적이 한 번도 없어.

4

다들 잘 있어.

They're so good.

They're는 **They are**의 축약형으로 여기서 **They**는 **family**를 가리켜요. 여기서는 가족 구성원의 한 사람 한 사람을 생각해서 **It is**가 아니라 **They are**로 쓰고 있어요. **They're so good.**은 '잘 지낸다'는 의미예요. 하지만 **I'm fine.**을 생각해서 **They're fine.**이라고 하는 것은 어색합니다.

5   조만간 들러야겠다.

I want to come over soon.

come over는 '~의 집에 놀러 가다, ~에 들르다'라는 의미입니다. 또한 come over는 먼 거리에 있는 곳을 방문할 때도 쓸 수 있는데요. 주로 상대방이 내가 살고 있는 곳으로 오다라는 의미입니다.

Will you come over sometime for coffee?
언제 커피 한잔 하러 집에 올래?

How about coming over to America in this vacation?
이번 휴가 때 미국에 오는 게 어때?

➕ 추가 표현

come over가 일상적으로 사용할 수 있는 표현이라면 좀더 격식을 차려야 할 때 visit을 쓸 수 있어요.
Will you come over to my house?   **(casual)**
우리 집으로 올래요?

Would you like to visit our place?   **(formal)**
우리 집에 오시겠어요?

over는 go, take, get 등의 동사와 함께 쓰여 다양한 뜻으로 쓰입니다.

go over는 '훑어보다'는 뜻입니다. cover와 비슷한 느낌이지만 일일이 검토하면서 훑어본다는 어감이 있습니다.
I'd like to go over it first.
그것을 먼저 훑어봐야겠어요.

take over는 '책임을 떠맡다'는 의미입니다.
She will take over my duties during my training.
그녀는 내가 훈련 받는 동안에 업무를 맡을 거예요.

get over는 '~을 잊다', '~를 극복하다'는 의미입니다. 어렵고 힘든 상황을 견디고 극복한다는 뉘앙스가 있어요.
You need to get over it.
너는 그걸 그만 잊어버려야 해.

정말 귀여워. 이제 4개월인데 정말 통통해.

He's precious. He's, like, four months old, so chubby.

precious는 '소중한, 귀여운'이라는 뜻이에요. 〈반지의 제왕(**The Lord of Rings**)〉이라는 영화의 등장인물인 '골룸'이 반지를 들고 말한 '**My Precious**'라는 대사로 유명한 단어가 됐어요.

_____ **is precious.**

Time 시간
Your love 너의 사랑
Your friendship 너의 우정

보통 '뚱뚱한'은 **fat**을 쓰죠. 하지만 그렇게 뚱뚱한 것은 아니고 귀여운 정도로 '통통한' 사람을 말할 때 **chubby**라고 해요. 건강이 염려될 정도로 살이 찐 경우 '비만'이라는 표현을 쓰는데요. 영어로는 **obese**[오비스] 혹은 **overweight**이라고 합니다.

➕ 추가표현

뚱뚱한 것은 아닌데 몸집이 큰 경우는 **large**, 몸이 뚱뚱하고 키도 큰 사람은 **big**, 보기 좋게 약간 통통한 것은 **plump**(주로 여성에게 씀), 키는 약간 작고 몸이 탄탄한 경우는 **stocky**(다부진)라고 합니다. 보통은 자신의 몸매나 체중에 대해 말을 하는 경우는 종종 있지만 다른 사람에게 직접 이런 말을 하는 것은 매너가 없다고 여겨집니다.

뉴요커 다희 씨가 친구와 대화를 나누는 내용입니다. 앞에서 배웠던 표현을 확인해 보세요!

Friend	**1** 안녕? 반갑다.
Dahee	You, too.
Friend	**2** 어떻게 지냈어?
Dahee	So good. How are you?
Friend	I'm great. I'm great.
Dahee	Good. **3** 가족들은 어떻게 지내?
Friend	**4** 다들 잘 있어. Yeah, they just moved.
Dahee	To where?
Friend	Pennsylvania.
Dahee	Really?
Friend	Yeah.
Dahee	Oh my gosh, you see them anymore?
Friend	Yes. I see them like... all the time, every other weekend.
Dahee	Oh... I miss your mom and dad. **5** 조만간 들러야겠다.
Friend	You have to come, their new house is beautiful.
Dahee	OK. And on SNS, I saw that your sister had a baby.
Friend	Oh, he is so cute.
Dahee	So you have a new nephew now.
Friend	Yeah! **6** 정말 귀여워. 이제 4개월인데 정말 통통해.

친구	**1** How are you? Good to see you.
다희	나도.
친구	**2** How have you been?
다희	잘 지냈지. 너는?
친구	난 아주 잘 지내.
다희	잘됐네. **3** How's your family?
친구	**4** They're so good. 우리 집 이사했어.
다희	어디로?
친구	펜실베이니아.
다희	정말?
친구	응.

다희　아, 그럼 이제 못 봐?

친구　아. 거의 자주 봐. 한 주 걸러 주말마다 보니까.

다희　아… 너희 부모님 보고 싶다. **5** I want to come over soon.

친구　꼭 와야 해, 새 집이 정말 멋져.

다희　그래. 그리고 SNS에서 네 동생 아기 낳은 거 봤어.

친구　아, 정말 귀엽지.

다희　너 이제 조카가 생겼네.

친구　맞아! **6** He's precious. He's, like, four months old, so chubby.

| WORDS |

move 이사하다　　　　　**Oh my gosh!** 세상에!　　　　　**miss** 그리워하다

12 ▶ Small Talk – 점심 식사

뉴요커 다희 씨가 친구와 만나고 있습니다. 친구와 어떤 대화를 나누는지 살펴볼까요?

(?) 영어로 어떻게 말할까요?

1 배고파 죽겠다. 점심 먹으러 가자.
(힌트) starving, go

2 아직 아무것도 안 먹었지?
(힌트) have, anything

3 여기 오는 길에 진짜 괜찮은 타이 음식점을 본 것 같아.
(힌트) place, on my way

4 (타이 음식점 가는 거) 완전 찬성이야.
(힌트) down

궁금증 해결은
다음 페이지에서 (!)

AMERICAN CULTURE

Enjoy your food!

한국어를 무조건 영어로 직역하려고 하면 어색한 말이 많아요. 가장 대표적인 말로 '잘 먹겠습니다.' 라는 인사는 영어에 없어요. 그냥 바로 식사를 하는 것이 일반적이에요. 우리는 먹기 전에 항상 고마움의 표시로 '잘 먹겠습니다.'라고 하지만 미국에서는 이런 말을 하지 않아요. 그냥 식사를 시작해도 돼요. 하지만 그냥 먹기가 어색하다면 Bon appetite. 혹은 Enjoy your meal. 정도로 말할 수 있어요. 다 먹은 후에는 아래와 같이 말할 수 있습니다.

예시. Thank you for the meal!
That was a wonderful dinner.

 **CORE SENTENCES**

영어 표현에 관한 궁금증을 해결해 볼까요?

1

배고파 죽겠다. 점심 먹으러 가자.

I'm starving, we have to go get lunch.

---

starving은 '몹시 배고픈'이라는 뜻으로, 우리가 흔히 쓰는 **hungry**보다 조금 더 배고프다는 늬앙스입니다. **starving**보다 더 배고플 경우에는 **famished**를 써서 '배가 고플 죽을 지경인'이라는 뜻을 나타낼 수 있습니다.

Oh, my! I'm famished.
아이고, 완전히 쫄쫄 굶었어.

have lunch는 '점심을 먹다'는 의미로 **have** 대신에 **get**을 써서 **get lunch**라고 할 수 있습니다. '점심을 먹으러 가자.'는 '가다'라는 **go**를 써서 **Let's go for (to) lunch.**라고 할 수 있어요. 그냥 '점심을 먹다'는 **Let's have lunch.** 또는 **We have to get lunch.**라고 하면 됩니다.

2

아직 아무것도 안 먹었지?

Have you had anything to eat yet?

Have you had anything to eat yet?은 '(시간은 지났는데) 어떻게 식사는 하셨나요?'의 뜻으로 '지금까지 먹지 못했다면 내가 뭐 좀 먹도록 해 주겠다'는 느낌을 갖고 있습니다. 이와 비슷한 **Did you eat anything?**은 뭐 좀 먹었는지 아닌지에 대해 묻는 질문으로 **Have you had anything to eat yet?**과는 달리 사 주거나 마련해 주겠다는 의미는 없어요. 그래서 **Did you eat anything?**의 경우는 인사말로 쓰지 않아요.

➕ 추가표현

영국 사람들은 미국 사람들보다 '현재완료(**have**＋과거분사)'를 더 많이 쓰는 경향이 있습니다. 그래서 영국 사람들이 **Have you read the book?**이라고 묻는다면 미국 사람들은 **Did you read the book?**이라고 하는 경우가 많습니다.

eat과 **have**는 둘 다 '먹다'라는 뜻이지만 약간의 차이가 있습니다. **eat**는 '음식을 먹다'라는 뜻으로 어떤 음식을 입에 넣고, 씹고, 삼키는 것을 의미합니다. 반면에 **have**는 '음식뿐 아니라 음료로 먹다, 마시다'라는 의미가 있습니다.

3

여기 오는 길에 진짜 괜찮은 타이 음식점을 본 것 같아.

I think I saw a really good Thai place on my way here.

I think는 의견이나 느낌을 말하는 표현으로 **I think I saw**는 '~을 본 것 같다'라는 뜻이에요. **Thai place**는 '태국 음식점'을 가리킵니다.

on my way[on the way]는 '~하는 길에, ~가는 중'이라는 뜻이에요. '여기로'라는 **here**를 뒤에 붙여서 **on my way here**라고 해서 '여기로 오는 길에'라는 의미입니다.

I'm on my way back home.
저는 집에 돌아가고 있어요.

4

(타이 음식점 가는 거) 완전 찬성이야.

I'm so down.

여기서 **I'm so down.**은 직역하면 무슨 뜻인지 알 수가 없어요. 이렇게 직역을 하면 안 되는 표현들은 뉘앙스나 느낌을 아는 게 중요해요. **I'm down.**은 상대방의 제안에 찬성할 때 쓸 수 있는 표현이에요. **I'm down with that.** 혹은 **I'm down for it.**이라고 하기도 해요. 하지만 동의하지 않는다고 해서 **I'm not down.**이라고 하지는 않아요. 둘 중 어떤 의미인지는 문맥에 따라 파악해야 해요.

I'm so down!
= I'm so ready!
나는 완전 뭐든 할 준비가 되어 있어!

A: Are you coming to the party? 파티 갈래?
B: I'm so down! 완전 좋아!

 추가표현

down은 기분이 안 좋을 때 쓸 수도 있어요. 어떤 의미로 쓰이는지는 문맥에 따라 파악을 해야 합니다.
I'm a little down. 나 조금 우울해.

뉴요커 다희 씨가 친구와 대화를 나누는 내용입니다. 앞에서 배웠던 표현을 확인해 보세요!

Dahee	I really have baby fever now.
Friend	Do you? No.
Dahee	I see babies… yeah… but, I need to get married.
Friend	Yes. Get married first then baby will come.
Dahee	OK. **1** 배고파 죽겠다. 점심 먹으러 가자.
Friend	Yes, yes. Absolutely.
Dahee	**2** 아직 아무것도 안 먹었지?
Friend	No, not yet.
Dahee	OK, good. **3** 여기 오는 길에 진짜 괜찮은 타이 음식점을 본 것 같아.
Friend	**4** 완전 찬성이야.

다희	나 정말 아기가 너무 갖고 싶어.
친구	네가? 정말.
다희	아기들을 보면… 응… 근데 결혼부터 해야지.
친구	그래. 먼저 결혼부터 해, 그래야 아기가 생기지.
다희	그래. **1** I'm starving, we have to go get lunch.
친구	그래, 그래. 아주 좋아.
다희	**2** Have you had anything to eat yet?
친구	응, 아직.
다희	응, 잘됐다. **3** I think I saw a really good Thai place on my way here.
친구	(타이 음식점 가는 거) **4** I'm so down.

| WORDS |

get married 결혼하다   **absolutely** 전적으로, 물론이지

65

뉴요커 다희 씨가 직장 동료와 대화를 나누고 있습니다. 어떤 대화를 나누는지 살펴볼까요?

[?] 영어로 어떻게 말할까요?

1 안녕하세요? 퇴근하는 길이에요?
  [힌트] get off

2 퇴근하고 뭐 할 거예요?
  [힌트] plan, work

3 아마 브로드웨이 뮤지컬 보러 갈 것 같아요.
  [힌트] might, go see

4 누구랑 가요?
  [힌트] go with

5 저는 그냥 집에 갈래요.
  [힌트] go home

6 그리고 놀기엔 제가 너무 나이 든 것 같아요.
  [힌트] way too old

7 브로드웨이 뮤지컬 잘 보고 와요.
  [힌트] enjoy

궁금증 해결은
다음 페이지에서 [!]

CORE SENTENCES

영어 표현에 관한 궁금증을 해결해 볼까요?

1

안녕하세요? 퇴근하는 길이에요?
What's up? Are you just getting off work?

What's up?은 두 가지 뜻이 있어요. 하나는 **What's wrong?** 혹은 **What's the matter?**라는 '무슨 문제가 있는지' 묻는 표현입니다. 또 하나는 **How are you?**와 같이 '안녕?, 잘 지내?'라는 뜻입니다. 격의 없는 사이에 할 수 있는 가벼운 인사 표현입니다.

What's up with Mark?
마크에게 무슨 일 있어요?

A: What's up? 잘 지내?
B: Nothing much. 특별한 일 없어.

get off (from) work는 '퇴근하다'는 뜻이에요. **from**은 생략할 수 있어요.
What time do you usually get off work?
주로 몇 시에 퇴근하세요?

2

퇴근하고 뭐 할 거예요?
What are you planning on doing after work?

What are you planning on doing ~?은 '뭐 할 생각이야?'라는 뜻으로 계획을 묻는 표현입니다. **after work**는 '퇴근 후에'라는 의미예요. 하지만 이 표현은 좀더 간단히 다음과 같이 말할 수도 있어요.

What are you doing after work?
일 끝나고 뭐 할 거예요?

3

아마 브로드웨이 뮤지컬 보러 갈 것 같아요.

I might be gonna go see that Broadway musical.

might은 '~할지도 모른다'라는 어떤 일을 하기는 하겠지만 100% 확실하지 않을 때 써요. **be gonna**는 **be going to**의 비격식적인 표현으로 미래를 나타내요. '**go to**+동사원형'은 '~하러 가다'는 의미로 많이 쓰는데요. **to**가 생략된 형태인 '**go**+동사원형'으로도 쓰이는 특이한 동사예요.

Let's go see a movie.
영화 보러 가자.

Will you go get coffee with me?
저랑 커피 마시러 갈래요?

4

누구랑 가요?

Who are you going with?

go with는 '~와 함께 가다'라는 의미인데요. 여기처럼 **go, come, start, arrive** 등의 왕래발착 동사들은 진행형(**-ing**)으로 쓰여서 가까운 미래를 나타낼 수 있어요.

I'm going to New York next month.
나 다음 달에 뉴욕에 가.

She is coming home soon.
그녀는 곧 집에 올 거예요.

They are arriving at the airport at 11 a.m.
그들은 오전 11시에 공항에 도착할 거예요.

5

저는 그냥 집에 갈래요.

I'm just gonna go home.

I'm just gonna는 **I'm just going to**의 비격식적인 표현으로 미래를 나타냅니다. **be going to** 다음에는 동사원형이 오기 때문에 **go home**이 왔어요. **just**는 '그냥'이라는 뜻입니다.

I'm just gonna stay home tonight.
오늘 밤은 그냥 집에 있을 거예요.

6

그러고 놀기엔 제가 너무 나이 든 것 같아요.

I think I'm way too old for that.

way는 '길, 방법'이라는 뜻으로 많이 알고 계시죠? 그런데 '**way too**＋형용사'는 '너무나 ~한'이라는 의미예요. 여기서 **way too old**는 '너무 나이가 든'이라는 뜻입니다. 영어회화에서 정말 많이 나오는 표현 중 하나예요. 예문을 통해 살펴볼게요.

It's way too cold outside.
밖에 너무 추워요.

7

브로드웨이 뮤지컬 잘 보고 와요.

Enjoy your Broadway show.

enjoy는 '즐기다'라는 뜻이에요. 동사가 목적어로 올 때는 동명사(**-ing**) 형태만 올 수 있어요.

I enjoy watching romantic movies.
나는 로맨틱 영화 보는 걸 좋아해요.

뉴요커 다희 씨가 직장 동료와 대화를 나누는 내용입니다. 앞에서 배웠던 표현을 확인해 보세요!

Dahee **Hey!**

Madison **Hey!**

Dahee **1 안녕하세요? 퇴근하는 길이에요?**

Madison **Yeah, what about you?**

Dahee **Yeah, same. 2 퇴근하고 뭐 할 거예요?**

Madison **Um… 3 아마 브로드웨이 뮤지컬 보러 갈 것 같아요**

Dahee **Oh, really?**

Madison **Hmm, the new one?**

Dahee **I think Harry Potter, right?**

Madison **I think so, yeah.**

Dahee **4 누구랑 가요?**

Madison **My boyfriend. He actually got tickets from his co-worker.**

Dahee **Oh, wow! I'm so jealous.**

Madison **I mean, you could go, too.**

Dahee **That's OK. 5 저는 그냥 집에 갈래요. I'm really tired.**

Madison **No? You don't wanna go clubbing or anything?**

Dahee **No, no.**

Madison **Why? It's Friday night, come on!**

Dahee **No, 6 그리고 놀기엔 제가 너무 나이 든 것 같아요. I'm just gonna go home, take off my make-up and get in bed, maybe watch a movie, but… 7 브로드웨이 뮤지컬 잘 보고 와요.**

Madison **Thank you. Honestly, what you're doing sounds like heaven right now.**

Dahee **OK, have fun. OK, I'll see you later.**

Madison **You, too.**

다희 안녕하세요!
매디슨 네!
다희 **1 What's up? Are you just getting off work?**
매디슨 네, 다희 씨는요?

다희	네, 저도요. **2** What are you planning on doing after work?
매디슨	음… **3** I might be gonna go see that Broadway musical.
다희	아, 진짜요?
매디슨	음, 새로 나온 거 있죠?
다희	해리 포터 같은데, 맞죠?
매디슨	그런 것 같아요, 네.
다희	**4** Who are you going with?
매디슨	남자친구랑요. 남자친구가 직장 동료한테서 티켓을 얻었거든요.
다희	와! 진짜 부럽네요.
매디슨	다희 씨도 갈 수 있어요.
다희	괜찮아요. **5** I'm just gonna go home. 진짜 피곤하거든요.
매디슨	설마? 클럽이나 뭐 그런 데도 안 가려고요?
다희	아뇨, 안 가요.
매디슨	왜요? 금요일 저녁인데!
다희	아뇨, **6** I think I'm way too old for that. 그냥 집에 가서 화장 지우고, 침대에 누워서 영화나 한 편 보려고요, 그렇지만… **7** Enjoy your Broadway show.
매디슨	고마워요. 솔직히, 지금 다희 씨가 하려는 게 더 괜찮게 들려요.
다희	그럼, 재밌게 봐요. 다음에 봐요.
매디슨	다희 씨도요.

|WORDS|

get ~을 얻다 co-worker 동료 jealous 질투 나는
go clubbing 클럽을 가다

14 ▶ Small Talk – 새로 나온 영화

뉴요커 다희 씨가 직장 동료와 대화를 나누고 있습니다. 어떤 대화를 나누는지 살펴볼까요?

⟨?⟩ 영어로 어떻게 말할까요?

1 새로 나온 영화 '어벤져스' 봤어요? 그 영화 막 개봉했던데.

〔힌트〕 have, come out

2 무슨 영화인지 몰라요?

〔힌트〕 what, about

3 저랑 같이 보러 가요.

〔힌트〕 go see

4 제가 민폐 끼치는 거 아니고요?

〔힌트〕 bother

궁금증 해결은
다음 페이지에서 ⟨!⟩

AMERICAN CULTURE

영화 관련 표현과 미국의 영화 시상식

'영화'를 영어로 movie라고 합니다. film이나 cinema를 쓰기도 하는데 영국 영어에서 주로 쓰고 미국 영어는 movie를 많이 씁니다. 젊은이들은 flick이라고 하기도 합니다. '영화관'은 movie theater라고 합니다. 그냥 theater만 쓰면 주로 '연극을 상영하는 극장'을 가리킵니다. 영화는 미국에서 아주 큰 산업 중 하나인데요. 미 전역에서 다양한 시상식이 있고 그중 잘 알려진 것이 아카데미 시상식(Academy Awards)와 골든 글로브 시상식(Golden Globe Awards)가 있습니다. 특히 아카데미 시상식에서 수상자에게 주는 트로피의 이름이 오스카입니다. 그래서 아카데미 상을 오스카 상이라고도 합니다.

영어 표현에 관한 궁금증을 해결해 볼까요?

1

새로 나온 영화 '어벤져스' 봤어요? 그 영화 막 개봉했던데.

Have you seen that new 'Avengers' movie? It just came out.

'~을 본 적이 있어요?'라는 경험을 물어 볼 때 **Have you seen ~?**을 써서 말할 수 있어요. 이와 비슷한 표현으로 '~를 한 번이라도 본 적이 있어요?'는 **ever**를 넣어 **Have you ever seen ~?**이라고 해요.

come out은 '개봉하다'는 의미로 극장에서 개봉을 했다는 **be released in theater**라는 뜻이에요.

A: When is the movie coming out?
그 영화 언제 나와?

B: It just came out.
막 개봉 했어.

It's already been released in Korea.
한국에서 그 영화 이미 개봉했어.

2

무슨 영화인지 몰라요?

You don't know what it's about?

평서문에 물음표(?)를 붙이면 의문문이 됩니다. 이렇게 어순을 바꾸지 않고 끝만 살짝 올리는 억양으로 바꿔서 의문문으로 쉽게 쓸 수 있어요.

You don't know when it starts. (평서문)
언제 시작하는지 모르시군요.

You don't know when it starts? (의문문)
언제 시작하는지 모르시나요?

3

저랑 같이 보러 가요.

You're gonna go see it with me.

You're gonna는 You are going to의 비격식체로 미래를 나타냅니다. 그래서 동사원형인 go가 왔어요. go see는 '~하러 가다'라는 뜻입니다. 여기서 it은 Avengers를 가리킵니다. with me는 '나랑 함께'라는 뜻으로 영화를 보러 가자고 권유하고 있네요.

You're gonna like the movie.
그 영화를 좋아하게 될 거예요.

4

제가 민폐 끼치는 거 아니고요?

I'm not gonna be a bother?

앞에서 말한 것처럼 평서문의 끝을 올리면 의문문이 됩니다. 원래 평서문은 끝을 내려 읽는데요. 이렇게 끝을 올리면 질문하는 내용이 됩니다. be a bother는 '민폐를 끼치다, 폐를 끼치다'라는 뜻입니다.

I didn't want to be a bother.
방해가 되고 싶지 않아요.

I hate to be a bother, but… could you help me?
민폐를 끼치고 싶지 않지만… 도와주실 수 있어요?

 추가표현

bother는 동사로는 '귀찮게 하다'라는 뜻입니다. 그래서 stop bothering는 '귀찮게 하지 마'라는 의미입니다.

You are bothering me.
너 너무 성가시게 군다.

74

뉴요커 다희 씨가 직장 동료와 나누는 대화 내용입니다. 앞에서 배웠던 표현을 확인해 보세요!

Dahee	Hey, I'm about to get something to drink. If you want anything?
Madison	Um, no, I'm fine.
Dahee	Oh, **1** 새로 나온 영화 '어벤져스' 봤어요? 그 영화 막 개봉했던데.
Madison	I've always heard about the movie, but… I don't know what it is about.
Dahee	You've never seen the 'Avengers'?
Madison	No.
Dahee	**2** 무슨 영화인지 몰라요? Like Iron man, Hulk?
Madison	Nope.
Dahee	OK. **3** 저랑 같이 보러 가요. I have extra tickets.
Madison	Are you sure?
Dahee	Yeah, it's this weekend. If you wanna go, I'll text you.
Madison	**4** 제가 민폐 끼치는 거 아니고요?
Dahee	No, no, no.
Madison	I will pay you back.
Dahee	No, we'll go together, OK?
Madison	You sure?
Dahee	Yeah!
Madison	Oh, my god.
Dahee	(You can) Just decide what you wanna get.
Madison	I'd go either the iced tea or maybe the water?
Dahee	OK.

다희	지금 막 뭐 마시려고 했는데. 뭐 드실래요?
매디슨	음, 아니요, 괜찮아요.
다희	아, **1** have you seen that new 'Avengers' movie? It just came out.
매디슨	그 영화 얘긴 많이 들었는데… 무슨 내용인지 몰라요.
다희	'어벤져스'를 한 번도 안 봤다고요?
매디슨	네.

다희　**2** You don't know what it's about? 아이언맨이나 헐크도요?

매디슨　전혀요.

다희　그럼, **3** you're gonna go see it with me. 저한테 표가 더 있어요.

매디슨　정말요?

다희　네, 이번 주말이에요. 보러 갈 거면, 제가 문자 보낼게요.

매디슨　**4** I'm not gonna be a bother?

다희　아뇨, 아뇨, 아니에요.

매디슨　제가 돈을 낼게요.

다희　아니에요, 같이 가는 거예요, 네?

매디슨　괜찮겠어요?

다희　그럼요!

매디슨　와, 정말.

다희　뭐 마실 지 골라 봐요.

매디슨　아이스티나 물로 할게요.

다희　알겠어요.

| WORDS |

extra 여분의　　　　　**text** 문자를 보내다　　　　**pay back** 갚다
either A or B A 아니면 B

15

Small Talk – 사건, 사고 뉴스

뉴요커 다희 씨가 직장 동료와 대화를 나누고 있습니다. 어떤 대화를 나누는지 살펴볼까요?

? 영어로 어떻게 말할까요?

1 파리 노트르담 대성당 화재 소식 들었어요?
힌트 hear, fire

2 지금 조사하고 있는 것 같아요.
힌트 investigate, right now

3 근데 사상자가 많았어요.
힌트 there, casualties

4 화재 원인이 뭔지 찾으려고 노력 중이래요.
힌트 figure out, cause

5 제가 기사 보여 줄게요.
힌트 show, article

궁금증 해결은
다음 페이지에서 !

영어 표현에 관한 궁금증을 해결해 볼까요?

1
파리 노트르담 대성당 화재 소식 들었어요?
Did you hear about that Notre Dame fire in Paris?

Did you hear about ~?은 '~에 관해 들었어요?'라는 의미로 최근에 발생한 일에 대해 물을 때 씁니다. 반면에 **Have you heard about~?**은 '~에 관해 들어 봤어요?'라는 뜻으로 지금까지의 경험을 묻는 표현입니다. **Paris**(파리)는 [패리스]라고 발음합니다.

Did you hear about the news about the tornado?
토네이도에 관한 뉴스 들었어요?

Have you heard about Brexit?
브렉시트에 대해 들어 본 적 있나요?

2
지금 조사하고 있는 것 같아요.
I think they're investigating right now.

investigate는 '조사하다'라는 뜻이에요. '**be+-ing**형'으로 쓰여 현재 하고 있는 일을 나타내고 있어요. **be**동사는 주어에 따라 **is/am/are**를 써야 됩니다. **right now**는 '지금'이라는 뜻입니다.

Sherlock Holmes is investigating the scene of a murder.
셜록 홈즈는 살인 사건 현장을 조사하고 있습니다.

They are investigating the cause right now.
그들은 지금 원인을 조사하고 있어요.

3

근데 사상자가 많았어요.

But there were a lot of casualties.

There is/are는 '~이 있다'라는 존재를 나타낼 때 쓰는 표현이에요. '~이 있었다'는 과거 표현은 There was/were를 씁니다. 뒤에 단수명사가 올 때는 **was**, 복수명사가 올 때는 **were**를 씁니다.

There was a big fire in Paris.
파리에서 큰 불이 났어요.

casualty는 '사상자'라는 의미로 여기서 **a lot of casualties**는 '많은 사상자들'이라는 뜻입니다.

The earthquake caused a lot of casualties.
그 지진은 많은 사상자를 냈어요.

4

화재 원인이 뭔지 찾으려고 노력 중이래요.

They're trying to figure out what actually caused the fire.

They는 **scientists** (과학자)들을 가리킵니다. **figure out**은 '알아내다'라는 뜻이에요. 그래서 **try to figure out**은 '~을 알아내려고 노력하다'라는 뜻입니다.

We're trying to figure out a solution.
우리는 해결책을 알아내려고 노력 중이에요.

We're trying to figure out a way to survive.
우리는 생존 방법을 알아내려고 노력 중이에요.

 5

제가 기사 보여 줄게요.

I'll show you the article.

I'll은 I will의 축약형으로 '~하겠다'는 의지를 나타내요. 'show+A(주로 사람)+B(주로 사물)'는 'A 에게 B를 보여 주다'라는 뜻입니다. show처럼 이렇게 목적어 2개를 취하는 동사를 수여동사라고 해요. 이와 비슷한 형식으로 쓰이는 수여동사로는 give(~에게 …을 주다), bring(~에게 …을 가져다주다), send(~에게 …을 보내다), write(~에게 …을 쓰다) 등이 있어요.

Could you give me the information, please?
저한테 그 정보를 주시겠어요?

I'll bring her a cup of coffee.
제가 그녀에게 커피 한 잔 가져다줄게요.

He promised that he would send me a postcard.
그는 나에게 엽서를 보내겠다고 약속했어요.

My teacher wrote me a letter.
우리 선생님이 저한테 편지를 써 주셨어요.

뉴요커 다희 씨가 직장 동료와 대화를 나누는 내용입니다. 앞에서 배웠던 표현을 확인해 보세요!

Dahee	Hey, **1** 파리 노트르담 대성당 화재 소식 들었어요?
Madison	Fire? The school? Or...
Dahee	Yeah, no, no, like the Notre Dame.
Madison	The actual building?
Dahee	Yeah!
Madison	When did that happen?
Dahee	**2** 지금 조사하고 있는 것 같아요. But they think originally, it was, like, an electric circuit shock that started the fire.
Madison	So, not a terrorist attack.
Dahee	No. **3** 근데 사상자가 많았어요. And it's a really a big deal? Because it's such a... you know like a... big building that's been around for centuries.
Madison	Is the whole thing collapsed now?
Dahee	Yeah, it's gone.
Madison	Oh, my god.
Dahee	Yeah, but scientists are doing research on it. **4** 화재 원인이 뭔지 찾으려고 노력 중이래요. If it was actually the shock or... If it was any... You know, like um... Accident or caused by someone?
Madison	Oh, my god.
Dahee	Yeah, **5** 제가 기사 보여 줄게요.
Madison	Yeah, it's something I want to read about.

다희	저기, **1** did you hear about that Notre Dame fire in Paris?
매디슨	화재요? 학교? 아니면…
다희	예, 아, 아뇨, 노트르담 대성당요.
매디슨	노트르담 대성당 건물 자체요?
다희	네!
매디슨	언제 그랬어요?
다희	**2** I think they're investigating right now. 근데 처음에 전기회로 합선으로 불이 시작된 것 같대요.
매디슨	그럼, 테러는 아니군요.

다희   아니에요. **3** But there were a lot of casualties. 진짜 큰일이죠? 왜냐면, 그곳은… 알다시피…
       수 세기 동안 정말 중요한 건축물이었으니까요.

매디슨 완전히 붕괴된 건가요?

다희   네, 다 없어졌어요.

매디슨 세상에.

다희   네, 근데 과학자들이 지금 조사 중이라고 해요. **4** They're trying to figure out what actually
       caused the fire. 정말 전기 문제일 수도 있고… 아니면, 만약에… 그러니까, 음… 어떤… 그냥 사고
       였거나 방화였을 수도 있겠죠?

매디슨 어떡해요.

다희   그러니까요, **5** I'll show you the article.

매디슨 네, 제가 읽고 싶었던 거예요.

| WORDS |

originally 처음에   **collapse** 붕괴되다, 무너지다

16

Small Talk – 애완견 1 (애완견 주인에게 말을 걸 때)

뉴요커 다희 씨가 공원에서 지나가던 행인과 대화를 나누고 있습니다. 어떤 대화를 나누는지 살펴볼까요?

? 영어로 어떻게 말할까요?

1 만져 봐도 돼요?

> 힌트 touch

2 얼마나 키우셨어요?

> 힌트 how long, have

궁금증 해결은
다음 페이지에서 !

AMERICAN CULTURE

미국의 반려동물 문화

다양한 반려동물을 키우는 미국은 반려견에 대한 애정과 책임감이 남다릅니다. 펫 마트도 규모가 큰 편이고, 우리나라 사람들이 말티즈, 푸들, 요크셔테리어 등 주로 소형견을 키우는 반면에 미국에서는 대형견을 많이 키웁니다. 또, 미국에서 반려동물을 키우려면 반드시 거주하는 시에 반려동물을 등록해야 하는데요. '강아지를 키우는데 왜 돈을 내야 하지'라고 생각할 수도 있지만 미국은 이런 제도를 운영함으로써 사람들이 반려견을 키우는 데 책임감을 가지도록 하고 있습니다. 이 제도는 반려견을 잃어버렸을 때도 도움이 된다고 합니다. 우리나라 역시 반려견 등록을 시행하고 있지만, 아직은 등록률이 낮다고 해요. 또한 미국에는 **dog park**도 많이 있습니다. 공원을 산책하다 귀여운 강아지를 보면 이름이나 종, 나이 등을 먼저 물어보고 예뻐서 만져도 되냐고 허가를 구한 다음에 만져야 합니다. 오랜 시간 함께한 반려견이 무지개다리를 건너 하늘나라로 갔을 때 **dog funeral**(개 장례식)을 치뤄 주는 것도 우리나라에서는 아직 보기 드문 문화입니다.

영어 표현에 관한 궁금증을 해결해 볼까요?

1

만져 봐도 돼요?

Can I touch her?

Can I＋동사원형**~?**은 '~해도 되나요?'라는 허가를 구하는 표현이에요. **touch**는 '만지다'라는 뜻으로 **Can I touch her?**는 '만져도 되나요?'라는 뜻으로 다른 사람의 애완견을 만지기 전에 허가를 구하는 표현이에요. 상대방의 애완견이 귀엽다고 해서 무작정 만지면 안 되고요. 이렇게 만지기 전에 먼저 물어보는게 굿매너입니다. 이 표현은 **pet**(어루만지다, 쓰다듬다)이라는 동사를 써서 **Can I pet her?** 라고 할 수도 있어요.

Can I take a picture of your dog? It's adorable.
강아지 사진을 좀 찍어도 될까요? 정말 귀엽네요.

Can I ＿＿＿＿＿＿＿＿＿＿?
　　borrow your pen 펜을 빌리다
　　eat my lunch here 여기서 점심을 먹다
　　see that 그것을 보다

2

얼마나 키우셨어요?

How (long) have you had her for?

여기서 **her**는 **dog**을 가리켜요. **How long**은 '얼마나 오래~했나요?'라는 뜻입니다. 그래서 이 표현은 직역하면 '얼마나 강아지를 키웠나요?'라는 뜻입니다. 이 말을 다르게 표현하면 '강아지 몇 살이에요?'의 **How old is she?**라고 물어볼 수도 있어요. 처음 보는 사람과도 이렇게 자연스럽게 말을 걸고 대화를 이어 나가는 게 북미의 문화입니다.

How long have you ＿＿＿＿＿＿＿＿＿＿?
　　　　lived here 여기 살다
　　　　learned the guitar 기타를 배우다

뉴요커 다희 씨가 공원에서 행인과 나누는 대화 내용입니다. 앞에서 배웠던 표현을 확인해 보세요!

Dahee	Hi, what is her name?
Passer-by	Her name is Calipso.
Dahee	Calipso? That's a really... **1** 만져 봐도 돼요?
Passer-by	Yeah, she's shy so...
Dahee	Oh, my... Does she bark or bite?
Passer-by	No, not at all. But it can work like this, take her up, there you go.
Dahee	Oh my god, look at her shoes. I've seen videos of dogs wearing shoes and... like have you seen those...?
Passer-by	Yeah. They just can't walk.
Dahee	Hi, Calipso! **2** 얼마나 키우셨어요?
Passer-by	She's over 10 now. She's almost 11.
Dahee	Oh, my gosh!
Passer-by	Yeah, but she's so good. She looks like a puppy.
Dahee	Have you had her for that long?
Passer-by	Yeah, since she was a baby.
Dahee	Oh my god, she's so cute.

다희	안녕하세요, 얘 이름이 뭐예요?
행인	얘 이름은 칼립소예요.
다희	칼립소구나? 아, 정말… **1** Can I touch her?
행인	그러세요, 얘가 좀 겁이 많아서…
다희	아, 그래요… 짖거나 물고 그래요?
행인	아뇨, 전혀요. 하지만 이렇게 하면, 얘를 안아서, 자, 이렇게요.
다희	우와, 신발 좀 봐. 신발 신은 강아지 영상을 본 적 있어요… 그런 영상… 보신 적 있어요?
행인	네. 막 못 걷고 그러잖아요.
다희	안녕, 칼립소! **2** How (long) have you had her for?
행인	이제 10살이 넘었어요. 11살쯤 됐죠.	다희 와, 정말요!
행인	네, 근데 정말 건강해요. 새끼 강아지 같죠.	다희 그렇게 오랫동안 키우신 거예요?
행인	네, 새끼였을 때부터요.	다희 와, 정말, 너무 귀여워요.

| WORDS |

bark (동물 등이) 짖다   bite (개나 여우 등이) 물다   not at all 전혀요, 별말씀을요

85

17 Small Talk – 애완견 2 (키울 때 팁과 관련한 대화를 할 때)

뉴요커 다희 씨가 공원에서 행인과 대화를 나누고 있습니다. 어떤 대화를 나누는지 살펴볼까요?

? 영어로 어떻게 말할까요?

1 털이 많이 빠지나요?

힌트 shed

2 원하면 안아 보셔도 돼요.

힌트 hold, if

궁금증 해결은
다음 페이지에서 !

CORE SENTENCES

영어 표현에 관한 궁금증을 해결해 볼까요?

 1

털이 많이 빠지나요?
Do they shed a lot?

여기서 **they**는 **the Pomeranian**을 가리켜요. **Pomeranian**(포메라니안)은 대문자로 씁니다. '동물의 털이 빠지다'라고 할 때 동사 **shed**를 써요. 털이라고 해서 **fur**를 넣을 필요가 없어요. **shed**에는 '(털이) 빠지다'는 뜻이 있어요. **shed**는 이외에도 '(나무의 잎들이) 저절로 떨어지다, (동물의 가죽, 껍질, 뿔 등이) 벗다, 갈다'라고 말할 때도 쓸 수 있어요.

Trees shed their leaves during autumn.
나무들은 가을에 나뭇잎이 떨어져요.

A snake sheds its skin.
뱀이 허물을 벗어요.

➕추가표현

shed와 관련된 재미있는 표현으로 **shed a tear**가 있는데요. 이것은 문학적인 표현으로 '눈물을 흘리다, 울다'라는 뜻입니다.

Did you ever shed a tear for someone?
다른 사람을 위해서 눈물을 흘려 본 적 있나요?

 2

원하면 안아 보셔도 돼요.
You can hold her if you want.

동물을 대명사로 가리킬 때 암컷의 경우에는 **her**를 쓰고 수컷일 경우 **him**을 씁니다. 여기서는 암컷이기 때문에 **her**를 썼어요. '강아지를 안다'라고 할 때는 **hold**를 씁니다. '안다'라고 할 때 **hug**가 먼저 떠오를 텐데요. 강아지처럼 일방적으로 들고 있는 상황일 경우에는 **hold**를 씁니다.

Can I hold my dog while flying?
비행 중에 제 강아지를 안고 있어도 되나요?

뉴요커 다희 씨가 공원에서 행인과 대화를 나누고 있습니다. 앞에서 배웠던 표현을 확인해 보세요!

Dahee	Do you guys jog in (Central) Park often?
Passer-by	Yeah, she loves to.
Dahee	I really want to get a dog, but I don't know… if I can take care of… the responsibility, you know.
Passer-by	It's a lot.
Dahee	Yeah, I really wanna get one when I graduate.
Passer-by	Yeah, I mean that's good and bad because when you graduate I guess there're a more regimented schedules. Um, my parents deal with her part of the time, so...
Dahee	Oh, really. She is a Pomeranian?
Passer-by	Yeah.
Dahee	**1** 털이 많이 빠지나요?
Passer-by	Um, yeah. But if you get, if you brush them regularly, they don't shed as much. **2** 원하면 안아 보셔도 돼요.
Dahee	Oh, my gosh! Can I?
Passer-by	Yeah! Hey, little.
Dahee	Oh, so cute! she's not, she's not shy? She's staring at you. Does she want to go back? Thank you so much for letting me hold her. Bye!
Passer-by	I highly recommend them. Poms are the best.
Dahee	Oh, really?
Passer-by	Yeah, if you brush them regularly, they don't shed as much.
Dahee	OK.
Passer-by	You know, twice a year they really shed, and usually in summer she has got short cut, so…
Dahee	OK, ah, look at her tongue. All right, well, thank you so much!
Passer-by	You're welcome. Have a good day!

다희	센트럴 파크에서 자주 조깅하세요?
행인	네, 칼립소가 좋아해요.
다희	저도 정말 개를 키우고 싶은데, 모르겠어요… 제가 잘 돌볼 수 있을지… 책임감 같은 거 있잖아요.
행인	정말 많죠.
다희	네, 졸업하면 한 마리 키우고 싶어요.
행인	음, 좋을 수도 있고 안 좋을 수도 있어요, 졸업하게 되면 더 빡빡한 스케줄이 있을지 모르니까요. 음, 저희 부모님이 어느 정도 칼립소를 돌보셔서…
다희	그렇구나. 포메라니안인가요?
행인	네.
다희	**1** Do they shed a lot?
행인	음, 네. 하지만 만약 키우셔도, 빗질을 정기적으로 해 주면 그렇게 많이 빠지진 않아요. **2** You can hold her if you want.
다희	우와! 그래도 돼요?
행인	네! 자, 아가야.
다희	오, 너무 귀엽다! 겁이 많지 않은데요? 당신을 보고 있네요. 돌아가고 싶어 하는 거죠? 안아 보게 해주셔서 감사해요. 잘 가!
행인	포메라니안 완전히 추천해요. 포메가 정말 괜찮아요.
다희	아, 그래요?
행인	네, 빗질만 정기적으로 해 주면, 털이 그렇게 많이 빠지지 않아요.
다희	그렇군요.
행인	일 년에 두 번은 털갈이해요, 그리고 여름에는 보통 털을 짧게 잘라요, 그래서…
다희	그렇군요, 아, 혓바닥 좀 봐. 네, 그럼, 정말 감사합니다!
행인	뭘요. 좋은 하루 보내세요!

| WORDS |

jog 조깅하다
graduate 졸업하다
stare at ~을 응시하다

take care of 보살피다
regimented 엄격한

responsibility 책임(감)
deal with ~을 다루다

18

Small Talk – 한국 음식 추천 1 (막걸리&파전)

뉴요커 다희 씨가 친구와 대화를 나누고 있습니다. 어떤 대화를 나누는지 살펴볼까요?

[?] 영어로 어떻게 말할까요?

1 한국에는 얼마나 있을 거야?

(힌트) how long, go

2 먹어 보고 싶은 음식 같은 거 있어?

(힌트) anything, try

3 마포라고 하는 곳에 가 보는 걸 추천해.

(힌트) recommend, called

4 거기가 파전이 진짜 유명하거든.

(힌트) be known for

궁금증 해결은
다음 페이지에서 [!]

CORE SENTENCES

영어 표현에 관한 궁금증을 해결해 볼까요?

1

한국에는 얼마나 있을 거야?

How long are you going to Korea for?

go to는 '~에 가다'라는 뜻인데요 여기서는 '**be going to**＋장소'가 '~에 갈 예정이다'라는 미래를 나타내는 의미로 쓰였어요. 원래 '**be**＋현재진행형'은 진행 중인 일을 나타낼 때 쓰지만 **go**와 같은 왕래 발착 동사는 현재진행형(**-ing**)으로 쓰이면 가까운 미래를 나타냅니다. 문맥에 따라서 어떤 의미인지 파악해야 해요.

I am going to the mall tomorrow.
나는 내일 쇼핑몰에 갈 거예요.

'얼마나 가 있을 거야?'라는 의미는 달리 말하면 얼마나 있을 거냐는 의미이기 때문에 **How long are you going to stay?**로도 쓸 수 있습니다.

➕ 추가 표현

형태가 비슷한 '**be going to**＋동사원형'은 '~할 예정이다'라는 미래를 나타내거나 어떤 일을 하겠다는 의지를 표현하기도 합니다.

I am going to buy a new house.
나는 새 집을 살 거예요.

2

먹어 보고 싶은 음식 같은 거 있어?

Do you have any, like, foods or anything that you want to try?

Do you have anything?은 '~한 것이 있나요?'라는 뜻입니다. **anything**은 '무엇인가'라는 의미인데 주로 부정문, 의문문 조건문에 쓰이고, 비슷한 뜻의 **something**은 긍정문에 쓰입니다.

anything that you want to try에서 **that you want to try**는 '먹어 보고 싶은'이라는 의미로 앞에 나오는 **anything**을 수식하고 있어요. 이러한 **that**을 관계대명사라고 해요

간단히 아래와 같이 표현할 수도 있습니다.

Is there anything you'd like in particular? 특별히 원하시는 게 있으세요?

3

마포라고 하는 곳에 가 보는 걸 추천해.

I would recommend going to an area called Mapo.

상대방에게 조언을 할 때 '~하는 게 더 낫다'라는 표현으로 'It is better to+동사원형'이 먼저 떠오를 텐데요. 사실 이 표현은 좀 단정적인 느낌을 줍니다. 그래서 **I would recommend**를 쓰면 추천은 하되 판단은 상대의 몫으로 남기기 때문에 좀더 부드러운 조언의 느낌을 줄 수 있어요.

I'd recommend going to the park.
공원에 가는 걸 추천할게.

an area called Mapo에서 **called Mapo**는 앞에 나오는 **an area**를 꾸며 주는 분사구예요. 분사구가 단독으로 오는 게 아니라 이렇게 구 형태로 오면 명사 뒤에서 수식을 합니다.

This is a popular Korean street food called Hotteok.
이것은 한국의 인기 있는 길거리 음식 중인 호떡이라고 해요.

4

거기가 파전이 진짜 유명하거든.

That's what they're really known for.

That's what은 '그게 바로 ~이다'라는 뜻으로 앞에서 한 말에 대해 맞장구를 치거나 이유를 말할 때 쓸 수 있어요.

That's what I want to eat. 그게 제가 먹고 싶었던 거예요.

That's what I am looking for. 그게 바로 제가 찾던 거예요.

여기서 **they**는 '파전'을 가리키는데요 '파전'을 영어로 한국식 해물파전, 즉 **Korean-style seafood pancake**이라고 할 수 있습니다.

be known for는 '~로 알려지다, 유명하다'라는 의미입니다.
Insadong is known for its food stalls and the variety of food.
인사동은 길거리 노점상과 다양한 음식으로 유명해요.

뉴요커 다희 씨가 친구와 대화를 나누는 내용입니다. 앞에서 배웠던 표현을 확인해 보세요!

Dahee	Can we sit? I'm tired.
Ashley	Yeah, it's hot out.
Dahee	OK, so tell me, **1** 한국에는 얼마나 있을 거야?
Ashley	OK, originally, I was thinking two and a half weeks.
Dahee	That's too short.
Ashley	Yeah, so I might extend it to three or four.
Dahee	Do it. There're so many places to see and foods to try that you need to be for at least that long.
Ashley	OK, cool.
Dahee	Do you have… wait, which city are you planning on visiting?
Ashley	Seoul.
Dahee	OK, there're so many places to go.
Ashley	Really?
Dahee	Yeah.
Ashley	I'm so excited.
Dahee	**2** 먹어 보고 싶은 음식 같은 거 있어?
Ashley	Yes, I've been wanting to ask you for recommendations. I want to try makgeolli and pajeon.
Dahee	Makgeolli and pajeon?
Ashley	Yeah.
Dahee	So you can really find that anywhere, but… **3** 마포라고 하는 곳에 가 보는 걸 추천해.
Ashley	OK.
Dahee	So pa-jeon is like a scallion pancakes. But jeon is like a general term for pancakes. **4** 거기가 파전이 진짜 유명하거든. And if it rains one day in Korea, you have to go because it's like a cultural unspoken rule that when it rains, you have to eat pajeon and makgeolli.
Ashley	That's so cool, I'd love to do that.

다희	좀 앉을까? 지쳤어.
애슐리	응, 밖이 덥네.
다희	그래서, 말해 봐, **1** how long are you going to Korea for?
애슐리	응, 원래는, 2주 반 정도 생각하고 있었어.
다희	너무 짧다.
애슐리	응, 그래서 3~4주 정도로 늘릴까 해.
다희	그렇게 해. 볼 곳도 많고 먹을 것도 많아서 아마 최소한 그 정도는 있어야 할 거야.
애슐리	응, 알겠어.
다희	너 그럼… 잠깐, 어느 도시로 갈 계획이야?
애슐리	서울.
다희	그래, 진짜 갈 데 많지.
애슐리	그래?
다희	응.
애슐리	진짜 기대된다.
다희	**2** Do you have any, like, foods or anything that you want to try?
애슐리	응, 그렇지 않아도 너한테 추천해 달라고 하려고 했어. 나는 막걸리랑 파전을 먹어 보고 싶어.
다희	막걸리랑 파전?
애슐리	응.
다희	아마 아무 데서나 쉽게 찾을 수 있겠지만… **3** I would recommend going to an area called Mapo.
애슐리	좋아.
다희	파전은 파로 만든 팬케이크 같은 거야. 근데 '전'은 팬케이크를 부르는 말이야. **4** That's what they're really known for. 그리고 만약 한국에 있을 때 비가 오면 꼭 가 봐야 해, 왜냐하면 그게 약간 문화적 관습 같은 건데 비가 오면, 막걸리랑 파전을 먹거든.
애슐리	그거 멋진데, 막걸리랑 파전 먹고 싶다.

| WORDS |

tired 지친	hot 더운	two and a half weeks 2주 반
extend (기간 등을) 늘리다	recommendation 추천	cultural unspoken rule 문화적 관습

19

Small Talk – 한국 음식 추천 2 (떡볶이&김밥)

뉴요커 다희 씨가 친구와 대화를 나누고 있습니다. 어떤 대화를 나누는지 살펴볼까요?

? 영어로 어떻게 말할까요?

1 정말 인기 있는 길거리 음식이고 값도 정말 싸.

힌트 street food, cheap

2 떡볶이는 맵고 쫄깃한 떡 요리 같은 거야.

힌트 spicy chewy

3 초밥처럼 양념된 게 아니야.

힌트 seasoned, like

4 정말 굉장할 거야.

힌트 incredible

5 나 완전 기대돼.

힌트 pumped

궁금증 해결은
다음 페이지에서 !

CORE SENTENCES

영어 표현에 관한 궁금증을 해결해 볼까요?

---

1   정말 인기 있는 길거리 음식이고 값도 정말 싸.

Those are really popular street foods that are really cheap.

---

those는 Tteok-bokki, **gimbap**을 가리킵니다. **popular street foods**는 '인기 있는 길거리 음식'을 의미해요. **that are really cheap**은 '아주 싼'이라는 뜻으로 앞에 나오는 **foods**를 꾸며 주는 관계사절이에요.

Those are popular K-pop that can be found everywhere in the world.
그것들은 전 세계 어디에서나 볼 수 있는 케이팝이에요.

'가격이 싸다'는 **cheap**이라고 해요. **cheap**은 '싸다'는 의미 외에 싼데 품질이 떨어지는 '싸구려'를 뜻할 때도 쓰여요. 그래서 품질은 좋은데 가격이 저렴할 경우에는 **inexpensive**를 쓰기도 합니다.

We are looking for an inexpensive hotel.
우리는 저렴한 호텔을 찾고 있어요.

---

2   떡볶이는 맵고 쫄깃한 떡 요리 같은 거야.

Tteok-bokki is like spicy chewy rice cakes

A be like B는 'A는 B와 같다'라는 의미입니다. 어떤 것을 비유적으로 표현할 때 쓸 수 있어요.

A smile is like the sunshine. 미소는 마치 햇살과 같아요.

Pajeon is like Korean pizza. 파전은 한국의 피자 같아요.

chewy는 '쫄깃쫄깃한'이라는 뜻으로 음식의 질감(**texture**)을 나타내는 표현이에요. 미국인들은 바삭한(**crispy**) 것을 좋아하는데 이런 쫄깃쫄깃한 질감을 좀 낯설어 한답니다.

추가표현

be like는 구어적으로 '~라 말하다'는 뜻이 있어요. 누가 한 말을 그대로 옮길 때 써요.
He was like "This is not a joke." 그가 "농담이 아니에요."라고 말했어요.

---

3 초밥처럼 양념된 게 아니야.

It's not as seasoned or like saucy as sushi.

---

season은 명사로 '계절'이라는 뜻이에요. 하지만 동사로 쓰이면 계절과 전혀 상관없는 '양념을 치다'라는 의미가 됩니다. 여기서 쓰인 **seasoned**는 동사에서 파생되어 나온 형용사로 '양념을 한'이라는 뜻입니다.

It's not seasoned as sushi.
그것은 스시처럼 양념을 하지는 않았어요.

---

4 정말 굉장할 거야.

It's gonna be incredible.

'**It's gonna be**+형용사'는 '**It's going to be**+형용사'의 비격식체로 '~일 것이다'라는 미래를 나타냅니다.

Traveling in Seoul is going to be exciting.
서울 여행은 신날 거예요.

incredible은 비격식체로 '믿을 수 없을 정도로'라는 의미로 어떤 것이 아주 좋다는 것을 나타낼 때 씁니다. 음식에 incredible을 쓰면 '맛있는'이라는 뜻으로 delicious / tasty / amazing flavor(대박이다) 정도의 의미가 됩니다.

This is incredible. = This is delicious. = This is tasty. = This is amazing flavor.
(음식을 묘사할 때) 이거 진짜 맛있어.

The food in this town is to die for.
이 동네 음식 맛이 끝내주는데.

5

나 완전 기대돼.
I'm pumped.

---

pumped는 '매우 기대되는, 설레는'이라는 의미입니다.

I am pumped with the results. 결과가 진짜 기대돼.

뉴요커 다희 씨가 친구와 대화를 나누는 내용입니다. 앞에서 배웠던 표현을 확인해 보세요!

Dahee
I have so many more recommendations like tteok-bokki, gimbap. **1** 정말 인기 있는 길거리 음식이고 값도 정말 싸. You can find that like just walking anywhere. **2** 떡볶이는 맵고 쫄깃한 떡 요리 같은 거야 and then gimbap is like a Korean sushi. It has like a lot of vegetables in it. And **3** 초밥처럼 양념된 게 아니야. But you have to try it.

Ashley
That sounds so great.

Dahee
I'm jealous.

Ashley
I know, I'm most excited about food. Like, **4** 정말 굉장할 거야.

Dahee
Yes, you have to... honestly, like, any Korean food's gonna be good.

Ashley
Yeah.

Dahee
Oh, I am so excited.

Ashley
Thank you for your recommendations.

Dahee
I'm really jealous, I wish I could go.

Ashley
I know, you should just come in my suitcase.

Dahee
Haha, yes. Good luck on your trip, and make sure you don't get too tired because you'll be walking everywhere.

Ashley
OK. I mean, we're used to it in New York.

Dahee
So, exactly.

Ashley
5 나 완전 기대돼. Thank you.

Dahee
Yeah.

다희
추천할 음식이 훨씬 더 많아, 예를 들면 떡볶이, 김밥 같은 거. **1** Those are really popular street foods that are really cheap. 어디든 걷다 보면 찾을 수 있어. **2** Tteok-bokki is like spicy chewy rice cakes 그리고 김밥은 한국식 초밥 같은 거야. 김밥 안에 채소가 잔뜩 들어 있어. 그리고 **3** it's not as seasoned or like saucy as sushi. 어쨌든 꼭 먹어 봐야 해.

애슐리
진짜 맛있을 것 같아.

다희
부럽다.

애슐리
그렇지, 음식이 제일 기대돼. **4** it's gonna be incredible.

다희
응, 솔직히… 한국 음식 어떤 거든 맛있을 거야.

애슐리	응.
다희	아, 정말 기대된다.
애슐리	추천해 줘서 고마워.
다희	부러워 죽겠네, 나도 가고 싶어.
애슐리	그러게, 내 가방에 들어오면 되겠네.
다희	하하, 그럴까. 여행 잘 다녀오고, 근데 너무 무리하지 말고 많이 걸어야 하니까.
애슐리	응. 뉴욕에서 워낙 익숙해져서.
다희	맞네, 그렇네.
애슐리	**5** I'm pumped. 고마워.
다희	응.

|WORDS|

recommendation 추천   jealous 질투하는   good luck on ~에 행운이 있기를
make sure 분명히 ~하다   be used to+명사 ~에 익숙하다

100

뉴요커 다희 씨가 친구와 대화를 나누고 있습니다. 어떤 대화를 나누는지 살펴볼까요?

?⃞ 영어로 어떻게 말할까요?

1 내가 한국으로 여행 간다고 말했었나?

힌트 tell, plan

2 한 번도 안 가 봤지.

힌트 never

3 지금 만나는 사람 있어?

힌트 date

4 한국에 나랑 진짜 친한 남사친이 있거든.

힌트 have, close

5 아는 사람이 있으면 좋을 것 같아.

힌트 nice, know

6 그 애 성격은 어때?

힌트 what, like

7 특별히 선호하는 스타일 있어?

힌트 specific style

8 네 기준에서 너무 많이 벗어나지 않으면 좋겠다.

힌트 way too, comfort zone

궁금증 해결은
다음 페이지에서 !⃞

CORE SENTENCES

영어 표현에 관한 궁금증을 해결해 볼까요?

1

내가 한국으로 여행 간다고 말했었나?

Did I tell you I'm planning a trip to Korea?

Did I tell you (that)은 ' 내가 ~라고 말했던가요?'라는 뜻으로 상대방에게 과거에 말한 적이 있었는지 물을 때 사용하는 표현입니다. **that** 다음에는 '주어＋동사'의 형태가 올 수 있습니다. **that**이 아닌 **about**을 붙이면 '내가 ~에 대해 말했던가요?'라는 뜻입니다.

Did I tell you (that) I'll move out next week?
제가 다음 주에 이사간다고 말했던가요?

Did I tell you about my family?
우리 가족에 대해 말했던가요?

plan a trip은 '여행을 계획하다'는 의미입니다. 여기서 **I'm planning a trip on ~**은 '~에 여행 갈 계획을 짜고 있어요'라는 의미로 미래를 나타내고 있어요. 이렇게 **be＋-ing**형으로 가까운 미래를 나타내기도 합니다.

I am working tomorrow.
나는 내일 일을 할 예정이에요.

2

한 번도 안 가 봤지.

I've never been.

I've는 **I have**의 축약형으로 **I have never been**은 '한 번도 가 본 적이 없다'라는 뜻입니다. 본문 대화문에서 원래는 **I've never been (to Korea).**인데요. **to Korea**(한국에)가 생략된 형태입니다.

I have never been to South Africa before.
남아프리카에 한 번도 가 본 적이 없어요.

3

지금 만나는 사람 있어?

Are you dating anyone right now?

date는 '~와 연애하다, 사귀다'라는 의미예요. 그래서 **Are you dating anyone right now?**는 지금 데이트 하는 사람이 있는지 묻는 표현입니다. 이와 비슷한 표현으로 **see**를 써서 다음과 같이 말할 수 있어요.

Are you seeing anyone?
지금 만나는 사람 있어?

 추가표현

연애에 관한 표현 몇 가지 더 알아볼게요. '~와 사랑에 빠지다'는 **fall in love**, '~에 홀딱 반하다'는 **fall for**를 씁니다.

I almost fell in love with you.
당신한테 빠질 뻔 했어요.

She fell for him in just a few days.
그녀는 며칠 만에 그에게 완전 빠졌어요.

4

한국에 나랑 진짜 친한 남사친이 있거든.

I have a really close guy friend in Korea.

close는 '시간적이나 공간적으로 가까운' 것을 나타내기도 하지만 사람 사이에서 '가까운 사이의, 친한'의 의미를 나타내기도 해요. 그래서 **a close friend**는 '친한 친구'라는 뜻입니다.

My new apartment is close to my office.
내 새 아파트는 사무실과 가까워요.

MJ is a very close friend.
MJ는 저와 아주 친한 친구예요.

5

아는 사람이 있으면 좋을 것 같아.

It would be nice to have someone that you know.

It would be nice to have는 '~가 있으면 좋을 것 같아'라는 뜻으로 가정을 나타낼 때 쓸 수 있습니다. '아는 사람'은 someone that you know로 표현해요. 그래서 '아는 사람이 있다'는 have someone that you know로 쓸 수 있어요.

It would be nice to _____.

> **have a boyfriend** 남자친구가 있다
> **take a walk** 산책하다
> **have a pet** 애완동물을 키우다

6

그 애 성격은 어때?

What's his personality like?

What+be동사+사람+like?는 '~은 어때?'라는 뜻으로 어떤 사람의 성격에 대해 묻는 표현이에요.

What is _____ like?

> **your new boss** 새 상사
> **your new roommate** 새 룸메이트
> **your best friend** 너의 친한 친구

➕ 추가표현

반면에 이와 비슷한 What+do/does+사람+look like?는 생김새를 묻는 표현입니다. 예문으로 통해 그 차이를 느껴 볼까요?
What does your new roommate look like? 새 룸메이트는 어떻게 생겼어?

7

특별히 선호하는 스타일 있어?

Do you have a specific style, like, preference?

Do you have a specific style?은 '구체적인 스타일이 있나요?'라는 질문입니다. **preference**는 '가장 선호하는 것이나 사람'을 말할 때 쓸 수 있어요. 이외에도 이상형에 관한 표현으로 **dream girl/dream guy, Miss Right/Mr. Right, Ideal woman/Ideal man** 등을 쓰는데요. '이상형' 하면 **ideal type**을 떠올리는 분도 있겠지만 원어민들은 **ideal type**이라는 말을 잘 쓰지 않습니다.

He is my dream guy.
그는 제 이상형이에요.

Tell me about your ideal woman.
이상형에 대해 말해 보세요.

Miss Right[Mr. Right] is hard to find.
이상형은 찾기 어려워요.

8

네 기준에서 너무 많이 벗어나지 않으면 좋겠다.

I hope he's not, like, way too out of your comfort zone.

I hope는 '~하기를 바라다'라는 뜻으로 보통 **I hope** 다음에 **that**을 생략하는 경우가 많아요.

like는 별 의미 없이 들어가는 **filler word**입니다. **filler word**는 말을 할 때 포즈를 주거나 다음에 할 말을 생각할 시간을 벌고자 할 때 쓰는데요. 이와 비슷한 표현으로 **um, uh, ah, okay, right, you know** 등이 있어요.

way too는 '너무 ~한'이라는 뜻으로 다음에 나오는 말을 강조할 때 쓰고요, **comfort zone**은 '편안함을 느낄 수 있는 범위'라는 뜻이에요. 여기서는 **he's not way out of your comfort zone**이라고 하여 '편안함을 느낄 수 있는 범위를 너무 벗어나지 않았으면 한다', 즉 '소개팅 하는 사람과 잘 맞았으면 좋겠다'라는 의미가 돼요.

뉴요커 다희 씨가 친구와 대화를 나누는 내용입니다. 앞에서 배웠던 표현을 확인해 보세요!

Dahee	Hey!
Friend	Hey!
Dahee	What's up?
Friend	Not much, how are you?
Dahee	Good.
Friend	Good. So **1** 내가 한국으로 여행 간다고 말했었나?
Dahee	Are you serious?
Friend	Yes.
Dahee	Oh, my gosh, it's so exciting. It's your first time, right?
Friend	Yeah, it is. **2** 한 번도 안 가 봤지.
Dahee	When are you going?
Friend	In about a month from now.
Dahee	So, like July? Anytime like that?
Friend	Yeah.
Dahee	Oh, my gosh! So excited! **3** 지금 만나는 사람 있어?
Friend	No, why?
Dahee	So **4** 한국에 나랑 진짜 친한 남사친이 있거든.
Friend	Really?
Dahee	And, I figured like since you're going by yourself, you would have... I mean, **5** 아는 사람이 있으면 좋을 것 같아.
Friend	Yes, it would.
Dahee	So I could set something up and... I mean he is really cute.
Friend	Really? **6** 그 애 성격은 어때?
Dahee	What's your... **7** 특별히 선호하는 스타일 있어?
Friend	Yeah, I mean I really like chill guys, not too much drama.
Dahee	OK, what about face?
Friend	Nice face.
Dahee	Nice face, right. I mean he's cute, he's tall.
Friend	OK, that's great.

Dahee	That's a plus.
Friend	Oh, yes, always a plus.
Dahee	And he's very calm, mellow, not too, like, out there crazy.
Friend	That's great.
Dahee	I could set something up whenever you let me know like a free day.
Friend	Yeah.
Dahee	And then I can give you his number, you guys can meet up.
Friend	That would be amazing.
Dahee	And then I can facetime you to see how the date is going.
Friend	Like mid-date, we can facetime.
Dahee	OK. Well, let's do it. I'll text him like sometime today, and then set it up.
Friend	Great. Awesome, thanks.
Dahee	I'm so excited, you have to tell me all about it.
Friend	I'll. I'll be texting you all the states.
Dahee	**8** 네 기준에서 너무 많이 벗어나지 않으면 좋겠다.
Friend	No, I think it'll be good. I'm hoping.

다희	안녕!
친구	안녕!
다희	별일 없어?
친구	별일 없어, 너는?
다희	잘 지내.
친구	다행이네. 그래 **1** did I tell you I'm planning a trip to Korea?
다희	진짜?
친구	응.
다희	세상에, 정말 재밌겠다. 처음이잖아, 그치?
친구	맞아, 처음이야. **2** I've never been.
다희	언제 가는 거야?
친구	지금부터 한 달쯤 후?

다희	그럼 7월? 그쯤에?
친구	응.
다희	세상에! 진짜 신난다! **3** Are you dating anyone right now?
친구	없는데, 왜?
다희	그러니까 **4** I have a really close guy friend in Korea.
친구	그래?
다희	응, 내 생각에 너 혼자 여행 가니까… 내 말은, **5** it would be nice to have someone that you know.
친구	응, 그렇지.
다희	그래서 내가 소개팅 주선할 수 있거든… 걔 되게 귀여워.
친구	정말? **6** What's his personality like?
다희	넌 어떤… **7** Do you have a specific style, like, preference?
친구	음, 난 침착한 사람이 좋아, 기복이 심한 사람 말고.
다희	그럼, 얼굴은?
친구	잘생긴 사람.
다희	잘생겨야지, 그렇지. 걔 귀여워, 키도 크고.
친구	좋아, 맘에 들어.
다희	그거 장점이지.
친구	그럼, 늘 장점이지.
다희	그리고 정말 차분하고, 온화하고, 막 그렇게 특이한 성격도 아니야.
친구	좋네.
다희	네가 괜찮은 날 알려 주면 언제든 소개팅 잡아 볼게.
친구	그래.
다희	그러고 나서 내가 걔 번호를 주고, 너희 둘이 만나는 거야.
친구	진짜 재미있겠다.
다희	그리고 난 너희 데이트가 어떻게 되고 있는지 (보려고) 화상 통화할 수 있지.
친구	데이트 중에, 화상 통화하면 되겠네.
다희	좋아. 그럼, 해 보자. 오늘 중으로 내가 걔한테 문자 보내서 잡아 볼게.
친구	좋아. 대박, 고마워.
다희	신난다, 데이트 어땠는지 전부 말해 줘야 해.
친구	그럴게. 문자로 전부 얘기할게.
다희	**8** I hope he's not, like, way too out of your comfort zone.
친구	걱정하지 마, 괜찮을 거야. 그럼 좋겠다.

| WORDS |

set something up ~을 주선하다   **What ~ like?** ~은 어때?   **mellow** 온화한
out there crazy 정신 없는   **meet up** (약속을 정해) 만나다

21 ▶ 리액션 – 축하

뉴요커 다희 씨가 친구와 대화를 나누고 있습니다. 어떤 대화를 나누는지 살펴볼까요?

? 영어로 어떻게 말할까요?

1 너 기분 진짜 좋아 보인다.

힌트 look

2 세상에, 정말 기쁘다!

힌트 happy

3 그러게. 너 진짜 진짜 자격이 충분해.

힌트 really, deserve

궁금증 해결은
다음 페이지에서 !

AMERICAN CULTURE

미국의 독립기념일 행렬(Independence Day Parade)

1776년 7월 4일은 미국이 영국에서 독립을 선언한 날이에요. 미국에서는 매년 이날을 기념하기 위해 퍼레이드를 열고 가족이나 친구들과 BBQ 파티를 즐깁니다. 또한 상점들은 대규모 할인행사를 하며 밤에는 각종 공연과 불꽃놀이 행사가 펼쳐집니다. 특히 뉴욕의 불꽃놀이 행사는 전국 최대 규모를 자랑하는데1958년 창립 100주년을 기념해서 처음 시작되었어요. 이 행사에는 가족 단위, 친구, 연인 등 엄청난 인파가 몰려오고 그 명성에 걸맞게 멋진 장관을 즐길 수 있습니다.

영어 표현에 관한 궁금증을 해결해 볼까요?

1

너 기분 진짜 좋아 보인다!

You look so happy!

'**You look**＋형용사'는 '너 ～처럼 보인다'라는 뜻이에요. 강조할 때는 형용사 앞에 **so**나 **very**를 붙이기도 해요.

You look so _____!

> **happy** 행복한
> **ecstatic** 들뜬
> **sad** 슬픈
> **tired** 피곤한

2

세상에, 정말 기쁘다!

Oh, my gosh, I'm so happy for you!

Oh, my gosh는 '세상에, 이런 일이'라는 뜻의 감탄사로 일상회화에서 많이 쓰는 표현 중 하나예요. 놀랄 때 사용할 수 있는데요. **Oh, my god**과 비슷한 표현이에요. 하지만 원어민들은 **god**의 직접적 언급을 피하기 위해 **gosh**나 **goodness** 등의 비슷한 발음의 단어를 대신 쓰기도 하는데 이런 것을 완곡 어법(**euphemism**)이라고 해요.

I'm so happy for you!는 '네게 좋은 일이 생겨서 정말 기쁘다!'라는 뜻이에요. 이런 표현은 인토네이션이 중요해요. 위로 치솟는 억양으로 **so happy** 부분을 강조해서 발음해 주세요.

Congratulations! (formal)
I'm so happy for you. (informal)

➕ 추가 표현

상대방이 안 좋은 일을 겪거나 가까운 사람을 잃었을 때는 **I'm sorry for**를 써서 위로합니다.

I'm so sorry for your loss. Please tell me if there's anything I can do to help.
삼가 조의를 표합니다. 제가 도울 일이 있으면 무엇이든 얘기해 주세요.

3

그러게. 너 진짜 진짜 자격이 충분해.
I know. You really really deserve it, though.

I know는 '그러게'라는 뜻으로 상대방의 말에 공감을 나타낼 때 쓸 수 있는 표현이에요.

deserve는 '~할 자격이 있다, ~을 당해야 마땅하다'라는 뜻으로 긍정과 부정적 표현에 모두 사용됩니다. 여기서처럼 열심히 준비해서 합격을 한 경우에 칭찬을 받아 마땅하죠.
You've been working so hard. You deserve it.
너 열심히 일해 왔잖아. 넌 자격이 충분해. (넌 통과할 만해.)

그런데 어떤 사람이 상습적으로 음주 운전을 해 오다가 결국에 감옥에 간 경우를 볼게요. 이런 경우에 **deserve**를 썼다면 이렇게 말하는 느낌이 있습니다.
He deserves that punishment.
걘 그래도 싸. (그런 벌 받아 마땅하지.)

don't deserve라고 부정어와 쓰이면 '~할 자격이 없다'는 의미가 됩니다.
I don't deserve you.
당신은 저한테 과분해요.

You don't deserve this.
넌 이럴 자격이 없어.

뉴요커 다희 씨가 친구와 대화를 나누는 내용입니다. 앞에서 배웠던 표현을 확인해 보세요!

Dahee	Hello.
Anastasia	Hi, how are you?
Dahee	Good, how are you? **1** 너 기분 진짜 좋아 보인다!
Anastasia	I have some exciting news!
Dahee	OK, tell me.
Anastasia	So, I just passed an audition. And they are considering me for a huge role.
Dahee	You got it?
Anastasia	Yes!
Dahee	**2** 세상에, 정말 기쁘다!
Anastasia	Thank you. I have worked so hard for this, so I'm so excited.
Dahee	**3** 그러게. 너 진짜 진짜 자격이 충분해. Because I know how hard you've been working for it. And you are... Oh, I'm so happy for you.

다희	안녕.
아나스타샤	안녕, 잘 지내?
다희	응, 너는? **1** You look so happy!
아나스타샤	진짜 끝내주는 소식이 있거든!
다희	좋아, 말해 봐.
아나스타샤	나 오디션 통과했어. 나한테 큰 역을 줄지도 모른대.
다희	오디션 통과했다고?
아나스타샤	응!
다희	**2** Oh, my gosh, I'm so happy for you!
아나스타샤	고마워. 나 진짜 열심히 했잖아, 그래서 정말 너무 좋아.
다희	**3** I know. You really really deserve it, though. 네가 얼마나 열심히 했는지 내가 아니까. 너 정말… 우와, 진짜 너무 기쁘다.

| WORDS |

exciting 신나는　　　　　　**pass** (시험에) 통과하다　　　　**consider** 고려하다
huge role 큰 역할

22 ▶ 리액션 – 웃음

뉴요커 다희 씨가 친구와 대화를 나누고 있습니다. 어떤 대화를 나누는지 살펴볼까요?

❓ 영어로 어떻게 말할까요?

1 웃겨 죽겠어.

힌트 dye

2 진짜 웃기다.

힌트 hilarious

3 (웃겨서) 숨을 못 쉬겠네. 최근에 이것보다 웃긴 걸 못 본 것 같아.

힌트 see, funnier

4 믿기지 않아.

힌트 unreal

궁금증 해결은
다음 페이지에서 ❗

AMERICAN CULTURE

미국식 유머 코드, Sarcasm(빈정댐, 비꼼)

미국 사람들은 유머가 많은 사람을 좋아합니다. 미국 대통령뿐만 아니라 국회의원들이나 리더들이
말할 때 보면 다들 재치가 넘치지요. 특히 미국인들은 농담 따먹기나 좀 꼬아서 말하기(sarcasm)를
좋아하는데요. 이렇게 유머가 있는 사람은 나이에 관계없이 모든 사람들에게 인기가 높습니다. 하지
만 친한 사이에는 편안하게 즐길 수 있는 유머라도 상대의 민감한 부분을 건드리는 주제나 부적절한
주제는 기분을 상하게 할 수 있으니 주의해야겠죠.

CORE SENTENCES

영어 표현에 관한 궁금증을 해결해 볼까요?

1

웃겨 죽겠어.
I'm dying.

I'm dying.은 너무 심하게 웃겨서 웃음을 멈출 수 없는 상황일 때 쓸 수 있는 표현이에요. 우리도 말할 때 '웃겨 죽겠다. 배가 찢어질 거 같다.'라는 말을 하잖아요. 영어에서도 우리말과 비슷하게 쓴다는 게 재미있어요. 인터넷이나 채팅할 때 쓰는 **lol**도 비슷한 뜻이에요.

Oh, my! I'm dying.
= lol [laugh out loud]

 추가표현

비슷한 형태인 '**I'm dying to**＋동사원형/**for**＋명사'는 '～하고 싶어 죽겠다'라는 뜻입니다. 어떤 상황에서 무언가를 간절히 원할 때 쓸 수 있습니다. '**I'd kill for**＋명사'도 같은 뜻으로 쓰여요. 이 표현들은 우리말과 참 비슷하지요?

I'm dying _____.

        to meet you 너를 만나다
        for a cup of coffee/tea 커피/차

2

진짜 웃기다.
It's hilarious.

---

hilarious는 **funny**와 비슷한 뜻이에요.

 추가표현

crack someone up 하면 '～를 빵터지게 하다, 몹시 웃기다'라는 뜻이에요.
It cracked me up. 그거 몹시 웃겼어.
You cracked me up. 너 진짜 웃겼어.

(웃겨서) 숨을 못 쉬겠네. 최근에 이것보다 웃긴 걸 못 본 것 같아.

Can't breathe. I don't think I've seen anything funnier recently.

(I) Can't breathe에서 I가 생략된 형태인데요. 일상회화에서는 언급할 필요성이 없다거나 모두가 다 이해할 만한 상황일 때 이렇게 주어가 생략되는 경우가 종종 있습니다.

(I) Hope you have a good day.
좋은 하루 보내시기 바래요.

(I) Told you.
내가 뭐랬어요.

(He) Said he's coming.
그가 온다고 했어요.

➕ 추가표현

일상회화에서는 주어 이외에도 동사가 생략되는 경우도 종종 있습니다.

(Do you) Want to take a walk?
좀 걸을래요?

(Do) You understand me?
내 말을 이해 했어요?

I've는 I have의 축약된 형태인데요. I have seen은 '~을 본 적 있다'는 뜻이에요. 과거부터 현재까지 경험을 나타내는 시제로 우리나라에 없는 영어만의 독특한 시제예요. 또한 I haven't seen이라고 하면 '~을 본 적이 없다'는 의미입니다.

I haven't seen her recently.
최근에 그녀를 본 적이 없다.

➕ 추가표현

본문 대화문에서 이에 대한 대답으로 Me neither.가 나왔는데요. Me neither.는 상대방이 한 말에 '나도 그래.'라고 동의를 나타낼 때 쓸 수 있는 말이에요. Me, too.도 '나도 그래.'로 뜻은 같지만 이 둘은 쓰이는 상황이 달라요. Me, too.는 상대방의 말이 긍정적인 상황에서 쓰고, Me neither.는 상대방의 말에 부정적인 표현이 있는 경우에 씁니다.

A: I like this restaurant. 이 식당 마음에 들어.
B: Me, too. 나도 그래.

A: I'm not tired. 별로 피곤하지 않아.
B: Me neither. 나도 그래.

4

믿기지 않아.

It's unreal.

---

real은 '진짜의'라는 뜻이에요. 이 단어에 **un-**을 붙이면 반대의 뜻이 됩니다. 그래서 **It's unreal.**은 직역하면 '진짜 같지가 않아.'라는 뜻인데요. 어떤 사실이 너무 놀라와서 사실임을 믿을 수 없다는 느낌으로 많이 씁니다.

I don't think it's real.
이게 진짜라고 생각하지 않아요.

A: How was your trip? 여행 어땠어?
B: I can't explain. It was unreal. 말로 설명할 수 없어. 환상이었어.

뉴요커 다희 씨가 친구와 대화를 나누는 내용입니다. 앞에서 배웠던 표현을 확인해 보세요!

Dahee	What are you watching?
Friend	It's this video. It's so funny. It's called the Skype Laughter Chain.
Dahee	It's just people laughing?
Friend	It's just people laughing at each other.
Dahee	Oh, my gosh.
Friend	**1** 웃겨 죽겠어.
Dahee	**2** 진짜 웃기다. Wait. Can we fast forward?
Friend	Yeah. Oh, this one is my favorite.
Dahee	It's so cute.
Friend	This part's so good.
Dahee	**3** (웃겨서) 숨을 못 쉬겠네. 최근에 이것보다 웃긴 걸 못 본 것 같아.
Friend	Me neither. I'm gonna save this one. I love this. Look!
Dahee	Oh, my gosh. **4** 믿기지 않아. It's... It has to be, no, this is not real.
Friend	It has to be fake.
Dahee	Yeah.

다희	뭐 봐?
친구	이 영상 (보고 있어). 진짜 웃겨. Skype Laughter Chain이라는 영상이야.
다희	그냥 사람들이 웃는 영상인 거야? 친구 사람들이 서로 보면서 웃는 거야.
다희	야, 이거 정말. 친구 **1** I'm dying.
다희	**2** It's hilarious. 잠시만. 앞으로 좀 빨리 넘길 수 있어?
친구	응. 아, 이거 내가 제일 좋아하는 거.
다희	너무 귀엽다. 친구 이 부분이 진짜 재미있어.
다희	**3** Can't breathe. I don't think I've seen anything funnier recently.
친구	나도. 이거 저장해 둘래. 진짜 좋아. 이거 봐!
다희	아, 진짜. **4** It's unreal. 이건… 이건, 아냐, 진짜 아니야.
친구	가짜야.
다희	응.

| WORDS |

be called ~라고 불리다   each other 서로   real 진짜의

23 ▶ 리액션 – 격려

뉴요커 다희 씨가 친구와 대화를 나누고 있습니다. 어떤 대화를 나누는지 살펴볼까요?

? 영어로 어떻게 말할까요?

1 안녕, 잘 지냈어? 기분이 안 좋아 보이네!

[힌트] what, look

2 안 됐어?

[힌트] get

3 내가 이런 일에 잘 맞지 않다고. 그 말은 떨어졌단 뜻이겠지.

[힌트] suitable, mean

4 너 정말 열심히 한 거 알지.

[힌트] work

5 그러니까 계속 열심히 하면 돼. 다음엔 꼭 될 거야.

[힌트] keep, next

궁금증 해결은
다음 페이지에서 !

AMERICAN CULTURE

Cross your fingers! (행운을 빌어요!)

우리는 살면서 나의 일이든 다른 사람의 일이든 무엇인가 잘 되기를 바라기도 하고 일이 잘 풀리기를 간절히 바라기도 하죠. 그럴 때 바로 **Cross your fingers!**를 쓰게 됩니다. 이 표현은 바로 '행운을 빌어!'라는 뜻으로 Good luck!과 같은 의미입니다. 문자 그대로(literally) 손가락을 꼬아서 보여 주기도 합니다.

예시. **Cross your fingers! You can do it!** 행운을 빌어요! 할 수 있어요!

118

CORE SENTENCES

영어 표현에 관한 궁금증을 해결해 볼까요?

 1

안녕, 잘 지냈어? 기분이 안 좋아 보이네!

Hey, what's up? You look so sad!

What's up?은 친한 사이에 하는 인사로 '잘 지냈어? 무슨 일이야?'라는 의미입니다. **How are you?**보다는 조금 비격식적인 표현이에요. 다음은 인사할 때 많이 쓰는 표현이에요.

How are you? / How's it going? / How are you doing?
How have you been? (오랜만에 만났을 때)

대답은 다음과 같이 하면 됩니다.

I'm good. / I am great. / I am doing great.

하지만 **What's up?**으로 물어봤을 때 대답은 **Nothing much.** 또는 **Not much.**라고 해야 자연스럽습니다.

 추가 표현

long face는 직역하면 '긴 얼굴'이지만 사실 이 표현은 '우울한[시무룩한] 얼굴'이라는 뜻이 있습니다. 시무룩할 때는 상상해 보면 입이며 얼굴이 축 쳐지는 느낌이 들잖아요. 그래서 얼굴이 길어진다고 생각하는 거 같아요. 재미있는 표현이죠. 그래서 친구가 시무룩할 때 다음과 같이 말할 수 있어요.

Why the long face?
왜 그렇게 표정이 안 좋아?

2

안 됐어?

You didn't get it?

여기서 **it**은 '직업', 즉 **job**을 가리킵니다. **get**은 '얻다, 구하다'라는 뜻이 있어요. **didn't get it**은 '그 직업을 얻지 못했다'라는 뜻이 됩니다.

Where did you get the ticket?
그 표는 어디서 구했어요?

3

내가 이런 일에 잘 맞지 않다고. 그 말은 떨어졌단 뜻이겠지.

I'm not suitable for this type of work, which probably means that I didn't get it.

suitable는 '적합한'이라는 뜻이에요. 그래서 **I'm not suitable for** 하면 '나는 ~에 적합하지 않다'라는 의미입니다.

I think I am suitable for this job.
저는 이 직업에 잘 맞을 거 같아요.

probably는 '아마도'라는 뜻으로 추측을 나타낼 때 써요. 그래서 **Which probably means that**은 '아마 ~라는 뜻이겠지'라는 추측을 나타내는 표현이에요.

It probably means that you will think positively.
그러니까 긍정적으로 생각할 거라는 뜻이겠네요.

4

너 정말 열심히 한 거 알지.

I know that you worked so hard for it.

I know that은 '나도 ~인 걸 알아'라는 의미예요. **work hard**는 '열심히 일하다'는 뜻이고 강조하기 위해서 **so**를 넣어 **work so hard**라고 썼어요.

She has worked extra hard all year.
그녀는 일 년 내내 각별히 열심히 했어요.

그러니까 계속 열심히 하면 돼. 다음엔 꼭 될 거야.

So just keep working hard and I know you'll get the next one.

keep -ing는 '계속해서 ~을 하다'라는 의미예요. 그래서 just keep working hard라고 하면 '계속 열심히 하면 돼'라는 뜻입니다.

Keep _____.

    talking about it ~에 대해 얘기하다
    holding the handrail 난간을 잡다
    going 가다

get the next one은 get the next job이라는 의미로 '다음번에 그 일을 얻게 될 거다'라는 의미입니다.

뉴요커 다희 씨가 친구와 대화를 나누는 내용입니다. 앞에서 배웠던 표현을 확인해 보세요!

Dahee	**1** 안녕, 잘 지냈어? 기분이 안 좋아 보이네!
Anastasia	Well, I had an interview today that I was preparing for, for 2 months and I didn't get it.
Dahee	**2** 안 됐어?
Anastasia	No.
Dahee	Oh, my gosh... well, do you know, like the reason why?
Anastasia	I don't know, they just told me that **3** 내가 이런 일에 잘 맞지 않다고. 그 말은 떨어졌단 뜻이겠지.
Dahee	**4** 너 정말 열심히 한 거 알지. and you have plenty more chances in the future. The world doesn't end because you didn't pass this one. **5** 그러니까 계속 열심히 하면 돼. 다음엔 꼭 될 거야.
Anastasia	Thanks.

다희	**1** Hey, what's up? You look so sad!
아나스타샤	음, 오늘 인터뷰를 했는데 내가 두 달 동안 준비한 건데 떨어졌어.
다희	**2** You didn't get it?
아나스타샤	응.
다희	에구… 어떡해… 그런데 너 혹시, 이유는 알아?
아나스타샤	잘 모르겠어, 그냥 이렇게만 말했어 **3** I'm not suitable for this type of work, which probably means that I didn't get it.
다희	**4** I know that you worked so hard for it 앞으로 또 기회가 엄청 많을 거야. 이번에 떨어졌다고 세상이 끝나는 건 아니야. **5** So just keep working hard and I know you'll get the next one.
아나스타샤	고마워.

|WORDS|

prepare for ~을 준비하다   plenty 충분한   end 끝나다

122

뉴요커 다희 씨가 친구와 대화를 나누고 있습니다. 어떤 대화를 나누는지 살펴볼까요?

❓ 영어로 어떻게 말할까요?

1 무슨 일이야?
(힌트) wrong

2 음, 오늘 알았는데 우리 할머니가 어제 계단에서 넘어지셨대.
(힌트) find out, stairs

3 진짜 속상하다.
(힌트) sorry

4 나도 (할머니 아프신 일) 생각하면서 응원할게, 진짜로.
(힌트) keep, thoughts

5 다 잘될 거야.
(힌트) everything, work out

6 다 잘 풀릴 거야. 걱정하지 마.
(힌트) worry

궁금증 해결은
다음 페이지에서 !

CORE SENTENCES

영어 표현에 관한 궁금증을 해결해 볼까요?

1

무슨 일이야?

What's wrong?

이 표현은 억양이 중요한데요. 끝을 내려 말하면 상대방에게 무슨 일이 있는지 묻는 표현이 되지만, **What's wrong with you?** 하고 **wrong**을 강조했다가 내리면 '너 대체 왜 그래?'라는 비난의 의미가 될 수도 있습니다. 목소리 톤에 따라 의미가 달라지므로 상황에 따라 적절하게 사용해야 합니다.

You look terrible. What's wrong?
너 안색이 안 좋은데. 무슨 일이야?

What's wrong with you? You keep complaining without doing anything.
너 대체 왜 그래? 아무것도 안 하고 계속 불평만 하고 있잖아.

2

음, 오늘 알았는데 우리 할머니가 어제 계단에서 넘어지셨대.

Well, I found out today that my grandma, she fell down the stairs yesterday.

Well은 **filler word**로 특별한 의미 없이 쓰는 추임새 같은 말이에요. 할 말을 찾기 위해 잠시 멈추거나 버퍼링에 걸릴 경우에 이런 말들을 많이 씁니다.

find out은 구동사(**phrasal verbs**)로 '알아내다'라는 의미입니다. 무엇을 알아내기 위해 애를 썼거나 혹은 우연히 알게 된 경우 모두 쓸 수 있습니다. 하지만 이와 비슷하게 '알아내다'라는 뜻으로 쓰이는 **figure out**은 '오랜 시도와 노력 끝에 알아내다'라는 의미입니다.

I found out what she wanted. 그녀가 원했던 게 뭔지 알게 됐어.

She figured out the answer to his question. 그녀는 그의 질문에 대한 답을 알아냈다.

124

진짜 속상하다.
I'm so sorry.

상대방이 안 좋은 일을 겪었을 때 '유감이다', '진짜 속상하다.'라고 위로를 건넬 때 쓸 수 있는 표현입니다.

나도 (할머니가 아프신 일) 생각하면서 응원할게, 진짜로.
I'll keep it in my thoughts for sure.

I'll은 **I will**의 축약형으로 '~하겠다'는 의지를 나타냅니다. 여기서 **it**은 할머니가 아프신 일을 가리켜요. 그래서 **keep it in my thoughts**는 그 일은 마음에 두고 있겠다는 것으로, 다시 말하면 '빨리 나으시기를 바랄게' 하는 의미가 됩니다. 이렇게 상대방에게 말을 건네면 내가 힘든 걸 알아 주는구나, 하고 위로를 받을 거예요. **for sure**는 '확실히, 틀림없이'라는 뜻입니다.

I will always keep it in my thoughts.
항상 마음 속에 간직할게요.

다 잘될 거야.
I'm sure everything will work out.

I'm sure (that)는 '**that** 이하를 확신한다'는 뜻으로 말하는 사람이 확실하다고 믿는 내용을 말할 때 써요. **that**은 회화에서 생략되는 경우가 많습니다.

work out은 두 가지 의미가 있어요. 하나는 '운동하다'라는 뜻이고요, 또 하나는 '일이 잘 풀리다'라는 의미예요. 여기서는 '(일 등이) 잘 풀리다'라는 의미로 쓰여 **everything will work out**은 '모든 것이 잘 될 거야'라는 뜻이 됩니다.

6

다 잘 풀릴 거야, 걱정하지 마.

It'll all work out, don't worry about it.

It'll은 It will의 축약형이에요. It'll all work out.과 비슷한 표현으로 아래와 같이 말할 수도 있습니다.

Everything will be fine.
= Everything will be okay.
= Everything will be all right.
모두 잘 될 거야.

Don't worry about it은 '걱정하지 마'라는 뜻으로 상대방을 위로할 때 쓸 수 있는 표현인데요. 또 이 표현은 상대방이 I'm so sorry.라고 말할 때 '신경 쓰지 않아도 돼.'라는 의미로 쓰기도 해요.

REAL SITUATION in NEW YORK

뉴요커 다희 씨가 친구와 대화를 나누는 내용입니다. 앞에서 배웠던 표현을 확인해 보세요!

Dahee	Hey, **1** 무슨 일이야?
Anastasia	**2** 음, 오늘 알았는데 우리 할머니가 어제 계단에서 넘어지셨대.
Dahee	Oh, my god.
Anastasia	Yeah, it's worse than they thought, so now she has to stay in the hospital for 1 month.
Dahee	Oh, my gosh, **3** 진짜 속상하다.
Anastasia	Yeah, and we're afraid because she's so old that it's gonna take a long time for her to recover.
Dahee	OK. Well, you know… **4** 나도 (할머니 아프신 일) 생각하면서 응원할게, 진짜로. And **5** 다 잘될 거야. Don't stress about it too much, OK?
Anastasia	I just really, I'm scared… because she's so old and I really care about her.
Dahee	**6** 다 잘 풀릴 거야. 걱정하지 마.
Anastasia	Thanks!

다희	어, **1** what's wrong?
아나스타샤	**2** Well, I found out today that my grandma, she fell down the stairs yesterday.
다희	어떡해.
아나스타샤	응, 생각보다 심각해서, 병원에 한 달이나 계셔야 해.
다희	아, 어떡해, **3** I'm so sorry.
아나스타샤	응, 그리고 할머니가 연세가 많으셔서 회복하시는 데 오래 걸릴까 봐 걱정이야.
다희	그렇구나. 음… **4** I'll keep it in my thoughts for sure. 그리고 **5** I'm sure everything will work out. 너무 스트레스 받지 말고, 알았지?
아나스타샤	난 정말, 무서운 게… 할머니가 연세가 있으시니까 너무 걱정돼.
다희	**6** It'll all work out, don't worry about it.
아나스타샤	고마워!

|WORDS|

worse than ~보다 심각한
recover 회복하다

stay in the hospital 입원하다
stress 스트레스를 받다

take a long time 오래 걸리다
care about ~에 마음을 쓰다

127

리액션 – 놀라움

뉴요커 다희 씨가 직장 동료와 대화를 나누고 있습니다. 어떤 대화를 나누는지 살펴볼까요?

? 영어로 어떻게 말할까요?

1 너 부정 입학 스캔들 들었어?

힌트 hear, admission

2 진짜 놀랍다.

힌트 surprising

3 온 세상이 그걸로 떠들썩해.

힌트 talk about

4 정말 충격이다!

힌트 shocked

5 동시에 (그 일이) 놀랍지 않아.

힌트 surprised, same

6 맞아. 그냥 그 일이 수면 위로 떠오른 거지.

힌트 true, come up, surface

궁금증 해결은
다음 페이지에서 !

영어 표현에 관한 궁금증을 해결해 볼까요?

1

너 부정 입학 스캔들 들었어?

Did you hear about that college admission scandal?

Did you hear about ~?은 '~에 대해 들었어?'라는 의미로 최근 가십 거리를 물을 때 씁니다. **college admission scandal**은 고등학교 성적을 조작한 부정 입학 비리 사건을 말해요. 이 사건은 유명 연예인의 자녀도 포함되어 미국 전역을 떠들썩하게 만들었죠.

Did you hear about _____?

          the earthquake yesterday 어제 지진

          the accident 사고

          the fire 화재

2

진짜 놀랍다.

That is so surprising.

---

surprising은 '놀라운'이라는 뜻으로 몰랐던 사건이나 일을 알게 되었을 때 쓸 수 있어요. **so**를 앞에 넣어 그 의미를 강조하고 있습니다. 긍정적인 일이나 부정적인 일 모두 사용 가능이 가능합니다.

It is so surprising that he came back home safely.
그가 무사히 집으로 돌아오다니 정말 놀라워요.

It is so surprising that she passed the exam.
그녀가 시험에 통과하다니 정말 놀라워요.

 3

온 세상이 그걸로 떠들썩해.

Like, the whole world is talking about it.

Like는 특별한 의미 없이 쓰는 **filler word**입니다. **the whole world**는 '전 세계'라는 의미로 **the whole world is talking about it**은 '전 세계가 그 얘기를 하고 있어서 떠들썩하다'는 의미입니다. **The whole world** 대신에 **all the world**를 쓸 수도 있습니다.

The whole world knows that.
= All the world knows that.
온 세상이 다 아는 사실이에요.

 4

정말 충격이다!

I'm shocked!

큰 스캔들이 터졌을 때 받은 놀라움이나 충격을 표현할 때 쓸 수 있는 표현이에요. **shocked**는 내가 받은 감정을 표현하는데요. 반면에 이와 비슷한 **shocking**은 감정을 유발하는 주체가 주어로 와요. 예문을 통해 그 의미 차이를 느껴 보세요.

I'm shocked!
나 충격받았어!

The news is shocking.
그 뉴스 충격적이다.

5

동시에 (그 일이) 놀랍지 않아.
I'm not surprised at the same time.

surprised도 어떤 일이 놀라울 때 쓸 수 있는 표현이에요. shocked/shocking과 내가 받은 감정이 놀라울 때 surprised를 쓰고, 이러한 감정을 유발하는 것이 주체로 올 때는 surprising을 씁니다.

at the same time은 '동시에'라는 의미입니다.

➕ 추가 표현

'나 놀랐어'는 I'm so amazed.(긍정, 선물), I'm so surprised.(긍정이나 부정 둘 다 가능, 기대나 예측 안 했을 때), I'm so shocked.(부정, 충격을 받았을 때)으로 표현할 수 있습니다.

맞아. 그냥 그 일이 수면 위로 떠오른 거지.
That's true. It's just coming up on the surface.

That's true.는 '맞다.'라는 의미입니다. come up on the surface는 '수면 위로 올라오다, 드러나다'라는 뜻이에요.

REAL SITUATION in NEW YORK

뉴요커 다희 씨가 직장 동료와 대화를 나누는 내용입니다. 앞에서 배웠던 표현을 확인해 보세요!

Anastasia	**1** 너 부정 입학 스캔들 들었어?
Dahee	No.
Anastasia	OK, so this super famous celebrity, she photoshopped her kid's picture into the rowing team.
Dahee	Who's the celebrity?
Anastasia	Uh, she's from that… she's the actress from *Full House*.
Dahee	Oh, I saw it. Lori Loughlin, she did that?
Anastasia	Yeah, so now she is going to jail.
Dahee	Really?
Anastasia	Umm hmm.
Dahee	**2** 진짜 놀랍다 because she doesn't seem like the actress to do that.
Anastasia	I know, but it's crazy. **3** 온 세상이 그걸로 떠들썩해.
Dahee	Oh, my gosh! **4** 정말 충격이다!
Anastasia	**5** 동시에 (그 일이) 놀랍지 않아 because a lot of people do things like that.
Dahee	**6** 맞아. 그냥 그 일이 수면 위로 떠오른 거지.
Anastasia	Yes.

아나스타샤	**1** Did you hear about that college admission scandal?
다희	아니.
아나스타샤	그게, 이 엄청 유명한 연예인이, 조정팀에 자기 자식 사진을 넣어서 조작했대.
다희	그 유명인이 누군데?
아나스타샤	어, 그 여배우가… '풀하우스'에 나온 여배우야.
다희	아, 나 그거 봤는데. 로리 로플린이 그런 거야?
아나스타샤	응, 그래서 이제 감옥에 갈 거야.
다희	정말?
아나스타샤	응.
다희	**2** That is so surprising 왜냐하면 그런 짓을 할 사람으로는 안 보였거든.
아나스타샤	그러게, 근데 장난 아니야. **3** Like, the whole world is talking about it.
다희	세상에! **4** I'm shocked!

아나스타샤	**5** I'm not surprised at the same time 많이들 그렇게 하거든.
디희	**6** That's true. It's just coming up on the surface.
아나스타샤	응.

|WORDS|

college admission 대학 입학
photoshop (컴퓨터로) 포토샵하다
at the same time 동시에

scandal (사회적으로 물의를 빚는 사건이나 행위) 스캔들
rowing team 조정팀   **go to jail** 감옥에 가다
come up on the surface 수면 위로 떠오르다

26 ▶ 리액션 – 맞장구

뉴요커 다희 씨가 친구와 대화를 나누고 있습니다. 어떤 대화를 나누는지 살펴볼까요?

(?) 영어로 어떻게 말할까요?

1 너무 짜증나!
  (힌트) annoyed

2 그래.
  (힌트) right

3 정말이야?
  (힌트) seriously

4 정말 짜증난다!
  (힌트) stupid

5 내가 너라면 그 사람 밑에서 일하지 않을 거야.
  (힌트) work for

6 (그 일을) 참지 마.
  (힌트) put up with

궁금증 해결은
다음 페이지에서 (!)

AMERICAN CULTURE

영어 대화에 꼭 필요한 리액션(Reaction) 표현

영어 대화에서 중요한 것 중 하나가 바로 리액션이에요. 상대방이 내 말에 얼마나 귀 기울여 주는지에 따라 친밀감이나 관계 지속에 영향을 끼치기도 하니까요. 그럼 대화할 때 자주 쓰는 영어 리액션 표현을 몇 개 알아 볼게요.

• **맞장구칠 때** – Really? 정말요? / Right. 맞아요. / How interesting! 대단히 흥미로운데요!
• **감탄할 때** – Great! 좋아요! / Fanstastic! 멋져요! / Awesome! 멋져요!
• **놀랄 때** – No way! 말도 안 돼요! / No kidding! 농담 말아요!
• **기타** – Exactly! 맞아! / Absolutely! 당연하지! / Definitely! 확실해!

134

CORE SENTENCES

영어 표현에 관한 궁금증을 해결해 볼까요?

1

너무 짜증나!

I'm so annoyed!

annoyed는 '짜증이 나는'이라는 뜻으로 **so**를 붙여서 강조를 하고 있어요. **so annoyed** 같은 경우 특히 인토네이션 즉 억양의 높고 낮음을 살려서 읽는 게 중요합니다. 그렇게 해야 짜증나는 느낌을 제대로 전달할 수 있어요. 이보다 짜증 지수가 한 단계 더 높은 단계일 경우에는 **frustrated**를 쓰는데요. 상황이 뜻대로 되지 않아 짜증나는 상황을 말합니다.

I'm so frustrated.
아, 정말 짜증나.

 추가 표현

annoyed와 비슷한 표현으로 **annoying**이 있는데요. 두 단어는 약간의 차이가 있어요. 먼저 **annoyed**가 '짜증을 느끼는'이라는 뜻으로 주어가 짜증을 느낄 때 씁니다. 반면에, **annoying**은 '짜증을 나게 만드는'이라는 의미로 주어가 다른 누군가를 짜증나게 만드는 것을 표현할 때 씁니다. 예문으로 살펴볼게요.

I am so annoyed. 나 정말 짜증나.

He is so annoying. 걔는 사람을 완전 짜증나게 해.

2

그래.

Right.

right은 문장 끝에 넣어 상대방의 동의를 구할 때 '알겠지, 그렇지'라는 의미로 쓰입니다. 그때 대답으로 똑같이 **Right.**을 쓸 수 있습니다.

A: We are going to the meeting room right now, right?
우리 지금 바로 회의실로 가는 거죠, 그렇죠?

B: Right.
맞아요.

3

정말이야?

Seriously?

상대방의 말이 진심인지 물을 때 '너 진짜야?'라는 의미로 **Seriously?**라고 말할 수 있는데요. **Are you serious?**도 같은 뜻입니다. 이와 비슷한 표현으로 **For real?**(진짜?)도 있어요.

A: I'm not playing computer games.
나 이제 컴퓨터 게임 안 할 거야.

B: For real?
진짜?

4

정말 짜증난다!

That is so stupid!

stupid를 '바보 같은, 멍청한'이라는 뜻으로 많이 알고 있는데요. 이 **stupid**에는 짜증이 나서 말할 때 '빌어먹을'이라는 뜻으로도 쓰여요. 여기서는 '어이없다' 정도의 뜻으로 볼 수 있는데요. 이와 비슷한 표현으로 **That is so silly.**도 있습니다.

A: This is so simple. 이거 너무 단순한데.
B: Is it simple? That is so silly. 이게 단순하다고? 어이없네.

5

내가 너라면 그 사람 밑에서 일하지 않을 거야.

I wouldn't work for him if I were you.

'if＋주어＋과거동사, 주어＋과거조동사＋동사원형'의 형식으로 현재 사실을 반대로 가정하여 말할 수 있어요. **if I were you**는 '내가 너라면(너였으면)'이라는 의미가 되고, **I wouldn't work for**는 '나는 일을 하지 않겠어'라는 뜻으로 현재 사실에 반대되는 내용을 말하고 있어요.

If I were you, I wouldn't _____.

> **go** 안 갔지
> **ask** 안 물어봤지
> **waste my time** 시간 낭비 안 했지

6

(그 일을) 참지 마.

Don't put up with that.

put up with는 '~을 참다, 견디다'라는 의미로 **Don't**가 앞에 쓰여 '참지 마라.'는 뜻이 되었어요.

I can't put up with my boss.
난 내 상사를 견딜 수가 없다.

I can't put up with your complaining anymore.
너의 불평을 더는 견딜 수가 없어.

뉴요커 다희 씨가 친구와 대화를 나누는 내용입니다. 앞에서 배웠던 표현을 확인해 보세요!

Dahee	**What happened?**
Anastasia	**Oh, my god!** **1** 너무 짜증나! **OK. So, our boss...**
Dahee	**OK.**
Anastasia	**We've been doing all this work, right?**
Dahee	**2** 그래.
Anastasia	**(And) there's like 3 to 4 of us in our group and our boss is saying that we're not working hard at all. And he's taking all the credit for all the stuff we do.**
Dahee	**3** 정말이야?
Anastasia	**And then, he's saying that we're doing like bad stuff, and we're not working hard enough. We're doing all the work and he is taking all the credit.**
Dahee	**4** 정말 짜증난다! **You should just quit.**
Anastasia	**I, but I need this job, so I don't know what to do!**
Dahee	**OK. Well, he seems like a person that you don't want to work for.** **5** 내가 너라면 그 사람 밑에서 일하지 않을 거야. **6** (그 일을) 참지 마.
Anastasia	**I'm gonna go to HR and I'm gonna figure this out.**
Dahee	**You go, girl!**

다희	무슨 일 있어?
아나스타샤	아, 정말! **1** I'm so annoyed! 음. 그러니까, 우리 팀장이 말이야…
다희	응.
아나스타샤	우리가 일을 다 하고 있잖아, 그렇지?
다희	**2** Right.
아나스타샤	우리 팀이 3, 4명쯤 되는데 팀장이 우리가 일을 열심히 안 한다는 거야. 그리고는 우리가 한 일에 대한 모든 공을 가로챘어.
다희	**3** Seriously?
아나스타샤	그러고 나서, 우리가 일을 형편없이 한다고 하는 거야, 우리가 일을 열심히 안 한대. 일은 우리가 다 하고, 공은 자기가 다 가져가면서.
다희	**4** That is so stupid! 그냥 관둬.
아나스타샤	나, 근데 이 직장이 필요해, 그래서 뭘 해야 할지 모르겠어!

138

다희	음. 밑에서 일하고 싶지 않은 그런 사람이네. **5** I wouldn't work for him if I were you. **6** Don't put up with that.
아나스타샤	인사과에 가서 이 일을 바로잡아야겠어.
다희	그래, 좋았어!

| WORDS |

What happened? 무슨 일이야?   **all this work** 이 모든 일   **not at all** 전혀 ~이 아니다
take the credit 공을 가로채다   **seriously** 정말로   **quit** 그만두다
HR (= human resources) 인사부   **figure out** 잘잘못을 가리다   **You go, girl!** (특히 여자에게) 힘내라!

27

리액션 – 칭찬

뉴요커 다희 씨가 직장 동료와 대화를 나누고 있습니다. 어떤 대화를 나누는지 살펴볼까요?

[?] 영어로 어떻게 말할까요?

1 (당신이) 이거 한 거예요?
[힌트] did

2 정말 멋진데요!
[힌트] look

3 네, 보세요.
[힌트] go

4 완전히 재능 있네요. 이런 거 관심 있는지 몰랐어요.
[힌트] talented, be into

5 정말 잘하시는데요.
[힌트] way too, good

궁금증 해결은
다음 페이지에서 [!]

AMERICAN CULTURE

영어로 칭찬하는 법

상대방에게 '잘했어!'라고 말하고 싶을 때 어떤 말이 가장 먼저 떠오르나요? Good job! 이 말도 맞습니다. 하지만 칭찬하는 말도 다양한데요. '잘 하고 있다.' 하고 싶을 때는 You're doing well. '당신을 자랑스럽게 생각해요.'라고 할 때는 I am proud of you.라고 말해 보세요. 반대로 이렇게 칭찬을 받으면 I am so flattered.(과찬이세요.) 혹은 그냥 Thank you.라고 응답하셔도 됩니다.

CORE SENTENCES

영어 표현에 관한 궁금증을 해결해 볼까요?

1

(당신이) 이거 한 거예요?
You did this?

이 문장은 원래 '당신이 이걸 한 거예요?'라는 **Did you do this?**인데요. 여기서 **Did**가 생략되면서 **You did this?**가 되었어요. 일상회화에서는 이렇게 줄여서 쓰기도 합니다. 하지만 억양(**intonation**) 은 의문문처럼 위로 올려 줘야 합니다.

2

정말 멋진데요!
That looks so good!

이 표현도 억양(**intonation**)이 중요합니다. '정말 멋져 보인다, 정말 좋아 보인다'는 느낌이 전해지도록 **so good**의 억양을 살려서 말해 보세요.

3

네, 보세요.
Yeah, go ahead.

---

go는 원래 '가다'라는 의미도 되지만 여기서는 '하다(**do it**)'의 느낌이 있어요. 이 표현은 상대방의 요청 을 승낙하거나 양보할 때 쓸 수 있는 표현으로 '그렇게 하세요' 정도의 의미입니다. 다음과 같이 여러 상 황에서 쓸 수 있어요.

(리모컨을 주면서) 원하는 대로 해. **Go ahead.**
(주문을 양보하면서) 먼저 하세요. **Go ahead.**
(기다리지 말라고 하면서) 먼저 드세요. **Please go ahead.**

4

완전히 재능 있네요. 이런 거 관심 있는지 몰랐어요.

You are so talented in this, I didn't know you were into this stuff.

---

talented는 '재능이 있는, 끼가 있는'이라는 뜻이에요. 그래서 **be talented in** 하면 '~에 재능이 있다'라는 의미입니다.

You are so talented in so many ways.
다방면에 재능이 있으세요.

'좋아하다'라고 하면 보통 **like**를 떠올리지만 **be into**도 '~을 좋아하다, ~에 관심이 있다'라는 뜻으로 원어민들이 즐겨 쓰는 표현이에요. '~에 관심이 있다'는 뜻의 **be interested in**도 쓸 수 있고요.

I am into the giant penguin, Pensu.
요즘 자이언트 펭귄 펭수에 빠졌어요.

5

정말 잘하시는데요.

You're way too good at it.

'**way too**＋형용사'는 '아주 ~한'이라는 뜻으로 앞에 나오는 형용사를 강조해 줍니다. **be good at**은 '~을 잘하다'라는 뜻이죠. 그래서 **be way too good at**은 '아주 굉장히 잘하다'라는 뜻이 됩니다.

You're way too busy these days.
요새 너무 바쁘시네요.

뉴요커 다희 씨가 직장 동료와 대화를 나누는 내용입니다. 앞에서 배웠던 표현을 확인해 보세요!

Dahee	Hey, what're you doing?
Madison	Remember that website that Jasmine needed help with?
Dahee	Yeah.
Madison	Well, this is it.
Dahee	**1** (당신이) 이거 한 거예요?
Madison	Yeah.
Dahee	You designed the whole thing?
Madison	Yeah… I wouldn't say the whole thing.
Dahee	**2** 정말 멋진데요!
Madison	Really?
Dahee	Yeah~ can I see?
Madison	**3** 네, 보세요.
Dahee	Oh my gosh! **4** 완전히 재능 있어요. 이런 거 관심 있는지 몰랐어요.
Madison	I mean, it's sort of a hobby what I do outside of work.
Dahee	**5** 정말 잘하시는데요. For it to just be a hobby. So you should really think about a career in it.
Madison	Really?
Dahee	Yeah.
Madison	You think so?
Dahee	Good job, yeah!
Madison	Thanks!

다희	매디슨, 뭐 하고 있어요?
매디슨	재스민이 도와 달라고 했던 웹사이트 기억해요?
다희	네.
매디슨	음, 그게 이거예요.
다희	**1** You did this?
매디슨	네.
다희	이걸 다 디자인했다고요?
매디슨	네… 전부 다라고 하기엔 좀 그렇고요.

다희   **2** That looks so good!
매디슨   정말요?
다희   네~ 좀 봐도 돼요?
매디슨   **3** Yeah, go ahead.
다희   세상에! **4** You are so talented in this, I didn't know you were into this stuff.
매디슨   음, 취미 같은 거예요, 업무 외로 하는 거죠.
다희   **5** You're way too good at it. 취미라고 하기엔 말이죠. 일로 해도 정말 괜찮을 것 같아요.
매디슨   정말요?
다희   네.
매디슨   정말 그렇게 생각해요?
다희   정말 잘해요, 네!
매디슨   고마워요!

| WORDS |

remember 기억하다   **whole** 전체의   **be into** ~에 관심이 있다
sort of ~와 같은   **outside of work** 업무 외로

28

리액션 – 반대 의견

뉴요커 다희 씨가 직장 동료와 대화를 나누고 있습니다. 어떤 대화를 나누는지 살펴볼까요?

❓ 영어로 어떻게 말할까요?

1 제안 하나 해도 돼요?
힌트 make

2 더 정확한 결과를 위해서 거리 설문조사로 고객 선호도를 알아보는 게 어떨까요?
힌트 street survey, accurate

3 좋은 생각이네요, 근데…우리가 시간이 없어서요.
힌트 short on time

4 왜냐하면 우리가 좀 서둘러야 하잖아요.
힌트 rush

5 그 말이 완전 일리 있네요.
힌트 make sense

6 하지만 제안해 주셔서 감사해요. 염두에 두고 있을게요.
힌트 keep ~ in mind

궁금증 해결은
다음 페이지에서

CORE SENTENCES

영어 표현에 관한 궁금증을 해결해 볼까요?

1

제안 하나 해도 돼요?
Can I make a suggestion?

---

make a suggestion은 '제안을 하다'라는 뜻이에요. 이런 표현은 덩어리째 외워야 하는데요. 어떤 특별한 규칙 없이 원어민들이 습관적으로 동사와 명사를 짝꿍으로 잘 쓰는 것들이 있어요. 이러한 것을 연어(콜로케이션, **collocation**)라고 해요. 이런 콜로케이션의 쉬운 예로 **take a shower**가 있는데요. 우리말로는 '샤워하다'이지만 영어로는 **do a shower**라고 하지 않아요.

2

더 정확한 결과를 위해서 거리 설문조사로 고객 선호도를
알아보는 게 어떨까요?
What about a street survey for customer preference for more accurate results?

What about ~?은 '~은 어때요?'라는 뜻이에요. 이와 비슷한 표현으로 **How about~?**이 있습니다. 제안을 할 때 쓰는 표현이에요.

What about a break?
= How about a break?
좀 쉬는 게 어때?

street survey는 '길거리 설문 조사'를 말하는데요. 고객 선호도를 알아보기 위해서 길거리에서 하는 설문조사를 뜻해요. **customer preference**는 '고객 선호도', **accurate results**는 '정확한 결과'를 의미합니다.

3

좋은 생각이네요, 근데… 우리가 시간이 없어서요.

It's good, but if we… we're, kind of, short on time.

kind of는 '약간, 좀'이라는 뜻으로 별 뜻 없이 쓰는 **filler word**입니다. **short**는 '짧은'이라는 뜻도 있지만 '부족한'이라는 의미도 있어요. 그래서 **be short on time**은 '시간이 부족하다'는 뜻입니다.

We are running short on time.
우리는 시간이 별로 없어요.

왜냐하면 우리가 좀 서둘러야 하잖아요.

Since we're, kind of, in a rush.

Since는 '~이기 때문에'라는 이유를 말할 때 쓰는 표현이에요. **kind of**는 **filler word**로 특별한 의미가 있는 것은 아닙니다. **be in a rush**는 '서두르다, 급하다, 바쁘다'라는 의미입니다. 이와 비슷한 뜻으로 **be in a hurry**와 **be urgent**가 있습니다.

I'm in a hurry because I'm late for my meeting with Jason.
제이슨과의 회의에 늦어서 서둘러야 해요.

This project is urgent.
이 프로젝트는 시급해요. (일이 급할 때)

This is an urgent call.
이 전화는 급한 전화예요.

5

그 말이 완전 일리 있네요.

That totally makes sense.

make sense는 '일리가 있다, 말이 된다'는 말로 100% 이해가 된다고 할 때 쓸 수 있는 표현이에요. 반면에 **That makes no sense.**는 '그건 말이 안 돼.'라는 뜻이에요.

6

하지만 제안해 주셔서 감사해요. 염두에 두고 있을게요.

But thank you for the suggestion, I'll definitely keep it in mind.

무엇에 대해 감사한지 구체적인 이유를 말하고 싶을 때 '**Thank you for**＋이유'의 형식으로 써 주면 됩니다. 여기서는 **for the suggestion**이라고 해서 감사의 구체적인 이유를 들어 말하고 있어요.

keep in mind는 직역하면 '내 마음 속에 보관하다'로 '마음에 염두에 두겠다'라고 이해하시면 돼요. 이와 비슷한 표현으로 **bear in mind**(～을 새기다, 명심하다)도 있어요.

I appreciated the thought, and I will bear that in mind.
그렇게 생각해 주셔서 감사해요. 마음에 새기고 있을게요.

뉴요커 다희 씨가 직장 동료와 대화를 나누는 내용입니다. 앞에서 배웠던 표현을 확인해 보세요!

Dahee	Come in.
Madison	Hey, how's it going?
Dahee	Good, I'm just doing some work.
Madison	1 제안 하나 해도 돼요?
Dahee	Yeah, of course!
Madison	2 더 정확한 결과를 위해서 거리 설문조사로 고객 선호도를 알아보는 게 어떨까요?
Dahee	3 좋은 생각이네요, 근데… 우리가 시간이 없어서요. You know what I mean? So, instead of a street survey, if we had more time, it's a good idea, but… 4 왜냐하면 우리가 좀 서둘러야 하잖아요. I think an online survey will be better. Don't you think?
Madison	5 그 말이 완전 일리 있네요.
Dahee	6 하지만 제안해 주셔서 감사해요. 염두에 두고 있을게요.
Madison	OK. I'm gonna go back to my room.
Dahee	I'll see you later.

다희	들어오세요.
매디슨	안녕하세요, 어떻게 지내요?
다희	잘 지내요, 일 좀 하고 있었어요.
매디슨	1 Can I make a suggestion?
다희	네, 물론이죠!
매디슨	2 What about a street survey for customer preference for more accurate results?
다희	3 It's good, but if we… we're, kind of, short on time. 무슨 뜻인지 아시죠? 그래서, 거리 설문 대신에, 만약 우리가 시간이 충분하다면, 좋은 생각이지만… 4 Since we're, kind of, in a rush. 온라인 설문이 더 나을 것 같아요. 그렇게 생각하지 않으세요?
매디슨	5 That totally makes sense.
다희	6 But thank you for the suggestion, I'll definitely keep it in mind.
매디슨	네. 그럼 제 방으로 갈게요.
다희	나중에 봐요.

| WORDS |

instead of ~대신에   online survey 온라인 설문조사

29 ▶ 리액션 – 변명

뉴요커 다희 씨가 친구와 전화하고 있습니다. 어떤 대화를 나누는지 살펴볼까요?

[?] 영어로 어떻게 말할까요?

1 15분이면 도착해.
(힌트) be about

2 놀랍지도 않지만.
(힌트) surprised

3 길이 꽉 막혀서
(힌트) stuck, traffic

4 다음엔 좀 더 빨리 출발할게. 약속해.
(힌트) leave earlier

5 지키지도 못할 약속은 하지 말고.
(힌트) promise, keep

궁금증 해결은
다음 페이지에서 [!]

AMERICAN CULTURE

미안할 땐 진지하게 사과한다

우리나라에서는 실수를 하면 미안한 표정을 지으면서 멋적은 웃음 짓는 경우가 있습니다. 이런 표정은 사과의 의미로 이해되기도 하며 Asian smile 혹은 embarrassment smile이라고 합니다. 하지만 미국인들은 미안한데 이런 식의 웃는 경우가 별로 없습니다. 잘못을 한 경우에는 진지한 표정으로 사과를 하는 게 적절한 행동으로 받아들여집니다.

1

15분이면 도착해.

I'm about 15 minutes away.

'be＋시간＋away'는 '약 ~ 정도 거리에 떨어져 있다'라는 뜻입니다. '여기서부터'라고 덧붙일 때 **from here**를 끝에 쓰기도 해요.

A: How long does it take to get to the airport?
공항까지 가는 데 얼마나 걸려요?

B: It's only 5 minutes away from here.
여기서 5분 밖에 안 걸려요.

'~이 여기서부터 10분 거리에 있다'는 '~ **is**＋시간＋**away**' 패턴을 써서 표현할 수 있습니다.

_____ **is 10 minutes away from here.**
The nearest bus stop 가장 가까운 버스 정류장
My house 우리 집
The station 역

2

놀랍지도 않지만.

I'm not even surprised.

not even은 '전혀 ~아니다', **surprised**는 '놀라운'이라는 뜻입니다. 그래서 **I'm not even surprised.**라고 하면 '놀랍지도 않지만.'이라는 뜻이 됩니다.

3

길이 꽉 막혀서.
I got stuck in traffic.

get stuck in traffic은 '차가 막히다'라는 의미로 bumper to bumper(차가 꽉 들어찬)나 traffic jam(교통체증)을 써서 다음과 같이 쓰기도 합니다.

I got stuck in traffic.
= Traffic was bumper to bumper.
= I was stuck in a traffic jam.

차가 많이 막히는 출퇴근 시간을 'rush hour(혼잡시간대)'라고 해요.
I'll take the train in order to avoid the rush hour.
러시아워를 피하기 위해 기차를 탈 거예요.

4

다음엔 좀 더 빨리 출발할게. 약속해.
I'll leave earlier next time, I promise.

I'll은 I will의 축약형으로 의지를 나타내고 있어요. 상대방에게 무언가 약속을 할 때 I'll ~ next time, I promise. 패턴을 써서 말할 수 있습니다.

I'll _____ next time, I promise.

    help 도와주다
    do that 그것을 하다

지키지도 못할 약속은 하지 말고.

Don't make promises you can't keep.

make a promise는 '약속하다'라는 의미예요. 여기서 promises (that) you can't keep 사이에 that이 생략되었어요. that you can't keep은 앞에 나온 promises를 꾸며서 '지키지 못할 약속들'이라는 의미를 나타내요. 참고로, make a promise는 '약속하다', keep a promise는 '약속을 지키다', break a promise는 '약속을 어기다'라는 뜻입니다. 이렇게 관련 있는 표현을 함께 알아 두면 기억하기 좋아요.

➕ 추가표현

약속이나 일에 늦었을 때 사과할 수 있는 표현을 알아볼게요.

Sorry I'm late.
늦어서 미안해.

I'm sorry to keep you waiting.
기다리게 해서 죄송해요.

late는 '늦은'이라는 뜻인데요. 이와 비슷한 단어로 tardy도 있어요.

You're tardy again.
너 오늘 또 늦었네.

Explain why you're so tardy today.
오늘 왜 그렇게 늦었는지 설명해 봐.

뉴요커 다희 씨가 친구와 전화하는 내용입니다. 앞에서 배웠던 표현을 확인해 보세요!

Dahee	Hello.
Friend	Hi, sorry, I'm late.
Dahee	I know you are late. Where are you?
Friend	**1** 15분이면 도착해.
Dahee	OK. I mean, you're always late. **2** 놀랍지도 않지만. But I've been waiting for 30 minutes.
Friend	I'm so sorry, my mom told me to clean up, but then **3** 길이 꽉 막혀서.
Dahee	Excuses. I mean you're gonna be late next time. So... because you said that last time.
Friend	**4** 다음엔 좀 더 빨리 출발할게. 약속해.
Dahee	OK. **5** 지키지도 못할 약속은 하지 말고.
Friend	I won't.
Dahee	Hurry up, you're already late.
Friend	OK. I'll see you soon.
Dahee	OK, bye.
Friend	Bye.

다희	여보세요.
친구	응, 늦어서 미안해.
다희	그러게, 늦었네. 너 어딘데?
친구	**1** I'm about 15 minutes away.
다희	알았어. 넌 맨날 늦으니까. **2** I'm not even surprised. 30분째 기다리고 있어.
친구	정말 미안해, 엄마가 청소하라고 하신 데다, **3** I got stuck in traffic.
다희	변명이야. 너 다음에 또 늦을 거잖아. 너 지난번에도 그렇게 말했거든.
친구	**4** I'll leave earlier next time, I promise.
다희	알았어. **5** Don't make promises you can't keep.
친구	아니야.
다희	빨리 와, 이미 많이 늦었어.
친구	응. 좀 이따 봐.
다희	응, 끊어.
친구	안녕.

| WORDS |

hurry up 서두르다

154

뉴요커 다희 씨가 직장 동료와 대화를 나누고 있습니다. 어떤 대화를 나누는지 살펴볼까요?

? 영어로 어떻게 말할까요?

1 몇 달 전에 제가 지원했던 회사 기억해요?

[힌트] remember, sign up

2 정말 잘 됐어요.

[힌트] happy

3 괜찮아요, 물론 슬프지만요.

[힌트] OK, sad

4 다희 씨는 정말 힘이 되는 사람이에요.

[힌트] so, supportive

5 괜찮아요. 그래도 계속 우리 연락하고 지내요.

[힌트] problem, keep

6 우리 꼭 연락하고 지내요.

[힌트] definitely, touch

궁금증 해결은
다음 페이지에서 !

CORE SENTENCES

영어 표현에 관한 궁금증을 해결해 볼까요?

1

몇 달 전에 제가 지원했던 회사 기억해요?

Do you remember the company that I signed up for a few months ago?

Do you remember ~?는 '~을 기억하시나요?'라는 뜻이에요. **the company that I signed up for a few months ago**에서 **that** 이하는 **company**를 꾸며주고 있어요. 이렇게 명사를 꾸며주는 절을 관계사절이라고 해요. **sign up**은 '등록하다, 지원하다'라는 뜻으로 여기서는 '회사에 지원하다'라는 의미로 쓰였어요. **a few months ago**는 '몇 달 전에'라는 의미입니다.

Do you remember _____?

> **the movie that we watched at your house a few weeks ago**
> 몇 주 전에 너희 집에서 봤던 영화
> **the news that I told you yesterday**
> 내가 어제 너한테 말했던 뉴스
> **the place that we passed recently**
> 우리가 최근에 지나갔던 그 장소

2

정말 잘 됐어요.

I'm so happy for you.

---

happy는 '행복한, 기쁜'이라는 뜻인데요. **I'm so happy for you.**는 상대방이 취직을 하거나 컨테스트에서 1등을 한 것과 같은 기쁜 일이 생겼을 때 축하를 전하는 말로 쓰여요. **happy** 대신에 **excited**를 쓸 수도 있습니다. 이런 표현은 억양을 살려서 진짜 기쁘다는 느낌을 전달하는 게 중요합니다.

You got the job. I'm so excited for you.
취직을 하다니. 정말 잘 됐어.

You won first place in the contest. I'm so happy for you.
콘테스트에서 1등을 했다고. 정말 기쁘다.

3

괜찮아요, 물론 슬프지만요.

That's okay, I mean obviously I'm sad.

That's okay. 혹은 **It's okay.**는 '괜찮아요. 마음 쓰지 않아도 돼요.'라는 의미로 어떤 상황 때문에 당신이 화가 나거나 슬픈 건 아니라고 말할 때 쓸 수 있어요.

A: I am so sorry to keep you waiting.
  기다리게 해서 미안해요.

B: It's okay. I just got here.
  괜찮아요. 저도 금방 왔어요.

I mean은 '다시 말해서'라는 의미로 방금 자신이 한 말을 설명하거나 수정할 때 씁니다.

I mean almost everybody loves him.
내 말은 거의 모든 사람이 그를 좋아한다는 거야.

obviously는 '알다시피, 확실히'라는 의미예요.

Obviously, we don't want to hurt others.
확실히 우리는 다른 사람들을 아프게 하고 싶지 않아요.

4

다희 씨는 정말 힘이 되는 사람이에요.

You are just so supportive.

support는 '지지하다, 옹호하다'라는 뜻의 동사인데요. 여기서 파생된 형용사인 **supportive**는 '힘을 주는, 도와주는, 지원하는'이라는 뜻입니다.

She was very supportive when I wanted to make changes.
그녀는 내가 변화를 갖기 원할 때 나를 아주 많이 응원해 줬어요.

5

괜찮아요. 그래도 계속 우리 연락하고 지내요.

No problem. We have to keep in touch, though.

No problem.은 '문제 없어. 물론이지. 괜찮아.'라는 뜻이에요. 고마움이나 미안함을 나타내는 말에 대한 응답으로 쓸 수 있습니다. 여기서는 **Thank you.**에 대한 대답으로 '뭘요'라는 느낌으로 썼습니다.

A: Thank you for giving me a ride. 차 태워 줘서 고마워.
B: No problem. 별말씀을요.

A: I'm sorry for interrupting you. 방해해서 미안해요.
B: No problem. 괜찮아요.

keep in touch는 '연락을 하고 지내다'라는 의미입니다. 이 대신에 **get in touch with**를 쓰는데요. 일상회화에서 주로 쓰이는 비격식적체(**informal**) 표현이에요. 이와 비슷한 표현으로 '연락하다'라는 뜻의 **contact**는 격식체(**formal**)에 많이 쓰입니다.

Please feel free to contact us if you have any questions.
문의사항이 있으시면 언제든 연락 주세요.

6

우리 꼭 연락하고 지내요.

We definitely will keep in touch.

keep in touch와 비슷한 표현으로 **stay in touch**도 있습니다. 여기서는 **definitely**를 넣어서 '꼭 연락하고 지내자'라고 강조하고 있어요.

➕ 추가표현

keep동사를 써서 행운을 빌어 주는 말을 할 수도 있습니다.
I'll keep my finger crossed.
내가 행운을 빌어 줄게.

뉴요커 다희 씨가 직장 동료와 나누는 대화 내용입니다. 앞에서 배웠던 표현을 확인해 보세요!

Dahee	So what's the news?
Madison	**1** 몇 달 전에 제가 지원했던 회사 기억해요?
Dahee	Yeah!
Madison	I got in!
Dahee	Oh, my gosh! **2** 정말 잘 됐어요.
Madison	Thank you. But... that means I have to…
Dahee	You're leaving.
Madison	Yeah.
Dahee	**3** 괜찮아요, 물론 슬프지만요. But it's the company that you really wanted to work for so…
Madison	**4** 다희 씨는 정말 힘이 되는 사람이에요.
Dahee	You gotta go, you gotta go, right?
Madison	Thank you.
Dahee	**5** 괜찮아요. 그래도 계속 우리 연락하고 지내요.
Madison	OK, definitely.
Dahee	Because I mean, you were one of my closest friends here.
Madison	Of course!
Dahee	Yeah, I wanna see you more often.
Madison	Of course. **6** 우리 꼭 연락하고 지내요.
Dahee	Yeah.

다희	무슨 소식이에요?
매디슨	**1** Do you remember the company that I signed up for a few months ago?
다희	네!
매디슨	저 됐어요!
다희	와! **2** I'm so happy for you.
매디슨	고마워요. 하지만… 그 말은 바로 제가…
다희	여길 떠난다는 거죠.
매디슨	네.
다희	**3** That's OK, I mean obviously I'm sad. 하지만 정말 일하고 싶었던 회사잖아요. 그래서…
매디슨	**4** You are just so supportive.

159

다희   가야죠, 가셔야죠. 그렇죠?

매디슨   감사해요.

다희   **5** No problem. We have to keep in touch, though.

매디슨   네, 물론이죠.

다희   여기서 가장 가까운 친구였잖아요.

매디슨   물론이죠!

다희   네, 자주 볼 수 있으면 좋겠어요.

매디슨   그럼요. **6** We definitely will keep in touch.

다희   네.

| WORDS |

sign up for ~에 지원하다   **leave** 떠나다   **work for** ~에서 일하다
close (사이가) 가까운

31 ▶ 음식 맛 묘사 1

뉴요커 다희 씨가 음식을 먹방을 하는 중입니다. 음식의 맛을 어떻게 묘사하는지 살펴볼까요?

[?] 영어로 어떻게 말할까요?

1 약간 좀 매콤해요.
(힌트) kick

2 맛은 있는데 눅눅하네요. 왜냐면 치킨이 핫소스에 절여졌거든요.
(힌트) soggy, drenched

3 트러플 때문에 트러플 마요네즈 맛이 너무 강해요.
(힌트) overpowering

4 이건 다른 것들처럼 부담스럽거나 맛이 너무 강하지 않아요.
(힌트) heavy

궁금증 해결은
다음 페이지에서 [!]

CORE SENTENCES

영어 표현에 관한 궁금증을 해결해 볼까요?

 1

약간 좀 매콤해요.

It has a kick to it.

'맵다'라고 하면 보통 **spicy**, **hot**, **chilly** 등이 떠오르시죠? 하나 더 배워 보면 **kick**을 이용한 표현이 있는데요. **kick**은 '발차기'라는 뜻으로 많이 알고 있을 텐데요. **have a kick to it** 하면 아주 매운 맛은 아니지만 '톡 쏘는 강한 맛이 있다'라는 의미입니다.

It has a kick to it.
그것은 매콤하다.

 2

맛은 있는데 눅눅하네요. 왜냐면 치킨이 핫소스에 절여졌거든요.

It's good but it's soggy. Because it's drenched in hot sauce.

---

soggy는 다소 불유쾌하게 느껴지는 '질척한, 눅눅한'이라는 의미입니다.

The noodles are all soggy.
국수가 너무 눅눅해.

Oh, my! It's so soggy now.
오, 어떻게! 지금 너무 눅눅해.

drenched는 '흠뻑 젖은'이라는 형용사로 **be drenched in** 하면 '~에 절여지다, ~에 젖어 있다'라는 뜻이에요.
It's drenched in soy sauce. 그건 간장에 절여졌다.

He was drenched in sweat. 그는 땀에 흠뻑 젖었다.

He was drenched in rain. 그는 비에 흠뻑 젖었다.

3
트러플 때문에 트러플 마요네즈 맛이 너무 강해요.

The truffle mayo is very overpowering because of the truffle.

power는 '힘, 권력'이라는 뜻이잖아요. 여기서 파생된 단어인 **overpowering**은 '아주 강한'이라는 의미로 형용사예요. 사람이나 어떤 사물의 성질이 강한 것을 표현할 때 씁니다.

The overpowering smell of fish was also unpleasant.
강한 생선 냄새도 아주 불쾌했어요.

She has an overpowering personality.
그녀는 성격이 너무 세요.

The sun was overpowering.
햇빛이 너무 강렬했어요.

truffle은 '동그란 모양의 초콜릿 과자'라는 뜻도 있고, '송로'라고 하는 아주 값비싼 버섯을 가리키기도 하는데요. 여기서는 버섯을 의미합니다.

4
이건 다른 것들처럼 부담스럽거나 맛이 너무 강하지 않아요.

It's not as heavy or like too much overpowering as the other ones.

heavy는 '(음식, 식사가) 과한, 부담스러운'이라는 의미예요. 'as＋형용사＋as the other ones'는 '다른 것에 비교했을 때 ~하다'라는 뜻입니다. 여기서는 **not as heavy as the other ones**라고 했기 때문에 '다른 것들만큼 부담스럽지 않다'라는 뜻이 됩니다.

It was not as hard as I had thought.
그것은 내가 생각했던 것보다 어렵지 않았어요.

뉴요커 다희 씨가 음식을 먹으면서 음식 맛을 묘사하는 내용입니다. 앞에서 배웠던 표현을 확인해 보세요!

It's kind of… **1** 약간 좀 매콤해요. It's just like a regular burger, but I like it because it's not too salty. I don't like it when the meat is too seasoned because… then it's too much with the cheese and the… sauce, and… because the vegetables in it are, um, seasoned with sauce as well. But the patty is very juicy. Very tender.

Buffalo burger. I don't like the sourness of the hot sauce. But the mayo kind of takes it away, almost balances… balances out the hot sauce. But the chicken, it's… **2** 맛은 있는데 눅눅하네요. 왜냐면 치킨이 핫소스에 절여졌거든요.

Mushroom burger. The meat is crispier than the original one. I think it's good but it's too almost oily, like too much because… **3** 트러플 때문에 트러플 마요네즈 맛이 너무 강해요. Since it's like a, it's a …what is it, a sauce that a lot of people use to give it… Um... A really strong scent, almost compared to flavor.

I think this one is my favorite, though. The original. **4** 이건 다른 것들처럼 부담스럽거나 맛이 너무 강하지 않아요. But all of them, the meat itself is very tender, juicy. Um, I think they did a good job. I can see why it's popular.

이거 좀… **1** It has a kick to it. 그냥 일반 버거인데 너무 짜지 않아서 좋네요. 저는 고기가 너무 간이 세면 별로더라고요, 왜냐면… 과한 것 같아서요. 치즈랑 어… 소스랑, 그리고… 들어 있는 채소도 소스로 양념한 거니까요. 그래도 패티가 육즙이 살아 있네요. 엄청 부드러워요.

버펄로 버거. 저는 핫소스의 신맛을 싫어해요. 근데 마요네즈가 그 신맛을 좀 잡아 주는 것 같아요, 거의 균형이… 핫소스의 밸런스를 맞춘 달까. 그런데 이 치킨은… **2** It's good but it's soggy. Because it's drenched in hot sauce.

버섯 버거. 일반 버거보다 고기가 더 바삭해요. 맛있는데 좀 너무… 기름지네요, 너무 많이요, 왜냐하면… **3** the truffle mayo is very overpowering because of the truffle. 그런 거 때문에, 음… 뭐더라, 사람들이 많이 쓰는 소스인데… 음… 향이 되게 강해요, 거의 맛이랑 맞먹어요.

저는 그래도 이게 제일 맘에 드는 것 같아요. 오리지널이요. **4** It's not as heavy or like too much overpowering as the other ones. 그런데 전부, 고기 자체는 매우 부드럽고, 육즙이 가득해요. 음, 요리를 잘하신 것 같아요. 왜 인기가 많은지 알겠어요.

| WORDS |

regular 보통의	salty 짠	seasoned 양념을 한
juicy 즙이 많은	tender 부드러운	sourness 신맛
crispy 바삭한	oily 기름진(= greasy)	scent 향기

음식 맛 묘사 2

뉴요커 다희 씨가 먹방을 하는 중입니다. 음식의 맛을 어떻게 묘사하는지 살펴볼까요?

[?] 영어로 어떻게 말할까요?

1 튀김옷이 엄청 두꺼워 보이네요.

[힌트] batter, thick

2 저는 일반 감자튀김보다 와플 감자 튀김이 좋더라고요.

[힌트] better than

3 양파가 정말 푸짐하게 들어갔네요.

[힌트] hefty, amount

궁금증 해결은
다음 페이지에서 [!]

AMERICAN CULTURE

미국에서 애칭으로 쓰이는 음식

우리처럼 미국인들도 자녀, 친구, 애인 등을 부를 때 애칭을 자주 사용합니다. 특히 커플들은 애칭을 더 자주 사용하는 경향이 있습니다. 이런 친근한 별명을 쓰는 사람들은 그렇지 않는 사람들에 비해 관계 속에서 더 큰 행복감을 느낀다고 해요. 미국에서 자주 쓰이는 애칭을 알아볼까요?

예시.

pumpkin – pumpkin은 동그랗고 귀여운 호박을 부르는 말이에요. 그래서 주로 귀여운 여자 아이
　　　　　나 여자한테 쓰는 애칭이에요.

honey – 꿀하면 달달함이 떠오르죠. 주로 부부 사이에 쓰지만 가족, 친구, 교사가 학생에게 등 일반
　　　　적인 상황에서도 많이 쓰여요. 줄여서 hon으로 줄여 말하기도 해요.

sweet pie – sweet pie 하면 달달한 것이 떠오르죠. 이 애칭도 부모가 아이한테 혹은 연인끼리
　　　　　　쓸 수 있어요.

CORE SENTENCES

영어 표현에 관한 궁금증을 해결해 볼까요?

 1   **튀김옷이 엄청 두꺼워 보이네요.**

The batter on it, it seems very thick.

batter는 '튀김옷'이라는 뜻이에요. **it**은 '치킨'을 가리키고요. '**seem**＋형용사'는 '～처럼 보이다'라는 의미예요.

It seems _____.

         delicious 맛있는
         too old 너무 오래된
         too expensive 너무 비싼

 추가표현

맛에 관련된 표현을 더 알아볼게요.

· seasoned 양념이 된, 양념을 한
  The soup was highly seasoned.
  그 수프는 아주 양념이 강했어요.

· crispy 바삭바삭한
  It is hard to make crispy batter for chicken.
  치킨 튀김옷을 바삭하게 만드는 것은 어려워요.

· crunchy 바삭바삭한, 아삭아삭한
  This crunchy salad recipe is full of the best ingredients.
  이 바삭한 샐러드는 최고의 재료들이 들어 있어요.

· soggy 눅눅한
  The bread in my sandwich has become soggy.
  내 샌드위치에 있는 빵이 눅눅해졌다.

· greasy (음식이) 기름진
  I need napkins. These are greasy chips.
  냅킨이 필요해요. 칩이 기름기가 많네요.

2

저는 일반 감자튀김보다 와플 감자튀김이 좋더라고요.

I like waffle fries better than regular fries.

A better than B는 'A보다 B가 더 좋은'이라는 의미로 일반적으로 선호하는 것을 나타내는 표현이에요. 이와 비슷한 뜻으로 prefer A to B(B보다 A를 더 좋아하다)도 있어요. 좋아하는 것을 먼저 말하고 그보다 덜 좋아하는 것은 나중에 말한다고 기억하면 조금 덜 헷갈려요.

I like bananas better than apples.
= I prefer bananas to apples.
나는 사과보다 바나나가 더 좋아요.

➕ 추가표현

구체적으로 선호하는 것을 말하는 표현을 더 알아볼게요. 어떤 구체적인 시점(현재 혹은 미래)에 자신이 더 좋아하거나 원하는 것을 말할 때 would rather나 would prefer를 써서 말할 수 있습니다. 두 표현 모두 뜻은 같지만 would rather를 구어체에서 더 많이 사용하고 prefer를 격식체로 쓰는 경향이 있습니다. 또 I would는 축약해서 I'd로 더 많이 쓰입니다.

I'd[I would] rather stay home than go out.
저는 나가는 것보다 집에 있는 걸 더 좋아해요.

I'd[would] prefer to go out to stay home.
저는 집에 있는 것보다는 나가는 걸 더 좋아해요.

3

양파가 정말 푸짐하게 들어갔네요.

It's very hefty in the amount that the onion is in there.

hefty는 '양이 두둑한, 많은'이라는 뜻입니다. very를 써서 그 의미를 강조하고 있습니다.

We will need a hefty snack after work.
우리는 퇴근 후에 두둑한 간식이 필요할 거예요.

뉴요커 다희 씨가 음식 맛을 묘사하는 내용입니다. 앞에서 배웠던 표현을 확인해 보세요!

1 튀김옷이 엄청 두꺼워 보이네요. I think the batter is already seasoned. I thought it was gonna be really soggy, because that's usually how the chicken fingers are. The batter doesn't stay crispy for very long. But this is good.
Waffle fries, my favorite. **2** 저는 일반 감자튀김보다 와플 감자튀김이 좋더라고요. Because they maintain the crispiness and the texture very well.
3 양파가 정말 푸짐하게 들어갔네요.

1 The batter on it, it seems very thick. 튀김옷에 이미 양념이 된 것 같아요. 엄청 눅눅할 거라고 생각했는데, 보통 치킨 핑거는 그렇거든요. 튀김옷의 바삭함이 오래가지 않아요. 근데 이건 좋네요.
와플 감자튀김, 제 최애예요. **2** I like waffle fries better than regular fries. 그 바삭한 식감이 잘 유지되거든요.
3 It's very hefty in the amount that the onion is in there.

|WORDS|

seasoned 양념이 된   maintain 유지하다   crispiness 바삭바삭함
texture 질감

33 ▶ 서운한 감정 묘사

뉴요커 다희 씨가 기분이 좋아 보이지 않네요. 무슨 이유로 시무룩해 있는지 살펴볼까요?

[?] 영어로 어떻게 말할까요?

1 제가 실은 지금 기분이 좀 안 좋아요.
(힌트) actually, mood

2 저한테 같이 가자고 물어보지 않아서 정말 서운했어요.
(힌트) disappointed, ask

3 그냥 잊고 넘어가야죠.
(힌트) get past, get over

4 처음엔 기분이 좀 나빴어요.
(힌트) upset, initially

궁금증 해결은
다음 페이지에서 [!]

영어 표현에 관한 궁금증을 해결해 볼까요?

1
제가 실은 지금 기분이 좀 안 좋아요.

I'm actually in a pretty sad mood right now.

be in a mood는 '~한 기분이다'라는 의미예요. '서운한' 감정을 **sad**를 써서 구체적으로 표현하고 있어요. 그래서 **be in a sad mood**라고 하면 '기분이 좀 안 좋다'는 의미입니다. 아래 빈칸에 여러 단어를 넣어 보고 감정을 상상하면서 어감을 살려 말해 보세요. **right now**는 '바로 지금'을 가리킵니다.

I'm in a _____ **mood right now.**

    good 좋은
    gloomy 우울한
    furious 격노한

2
저한테 같이 가자고 물어보지 않아서 정말 서운했어요.

I was really disappointed that they didn't ask me (to) go with them.

disappointed는 **sad**와 비슷하게 '실망한, 서운한'이라는 의미예요. 따라서 **I was disappointed that** ~이라고 하면 'that 이하에 대해 실망했다, 서운했다'는 뜻이 됩니다.

➕ 추가 표현

일상회화에서 '아쉽다, 실망이다'라고 할 때 **sorry**나 **disappointed** 외에도 다음 표현을 정말 많이 씁니다. **bummer**는 a huge disappointment로 '크게 실망한'이라는 뜻이에요.

I'm so bummed.
나 진짜 서운해.

It's a bummer.
(그거) 실망이야.

170

3

그냥 잊고 넘어가야죠.

I can get past it and I'll get over it.

get past는 '~을 지나가다, 넘기다'라는 뜻이고 get over는 '(힘들거나 슬픈 일을) 극복하다'라는 뜻입니다. 그래서 **I can get past it and I'll get over it.**이라고 하면 '그 일을 넘기고 극복하겠다.'는 의미가 됩니다.

I want to get past the situation.
나는 이 상황을 넘기고 싶어요.

I can get over the pain and move on with my life.
나는 고통을 극복하고 새로운 인생을 살아가고 싶어요.

4

처음엔 기분이 좀 나빴어요.

I was a little bit upset initially.

a little bit은 '조금'이라는 뜻이고, 'I was a little bit＋감정 형용사'는 '(기분이) 조금 ~했다'라는 의미를 나타내요. 그래서 **I was a little bit upset.** 하면 '기분이 조금 상했다[속상했다].'라는 의미입니다. 기분이 많이 속상했다면 **a little bit** 대신에 **pretty**를 쓸 수 있습니다. **initially**는 '초반에, 처음에'라는 뜻으로 처음에는 기분이 좀 나빴다는 것을 나타냅니다. 아래 빈칸에 여러 가지 감정 형용사를 넣어 가면서 연습해 보세요. 연습할 때 감정을 실어서 말하면 기억이 더 잘 됩니다.

I was ＿＿＿＿＿＿＿＿＿＿.

angry 화난
a little bit sad 좀 서운한
pretty sad 상당히 슬픈

🎧 33. mp3

뉴요커 다희 씨가 친구에게 서운한 감정에 대해 묘사하는 내용입니다. 앞에서 배웠던 표현을 확인해 보세요!

Hi. So… **1** 제가 실은 지금 기분이 좀 안 좋아요 because I already talked to a friend… So I mean, it was the movie that I really wanted to watch and I wanted to watch it with her because she is my best friend. But… Um… **2** 저한테 같이 가자고 물어보지 않아서 정말 서운했어요. I mean, it's fine. **3** 잊고 넘어가야죠. but **4** 처음엔 기분이 좀 나빴어요.

안녕하세요. **1** I'm actually in a pretty sad mood right now 왜냐면 친구와 얘기했는데… 그게, 제가 진짜 보고 싶었던 영화라 저는 그 친구랑 보고 싶었거든요 왜냐면 그 친구는 제일 친한 친구니까요. 근데… 음… **2** I was really disappointed that they didn't ask me go with them. 뭐, 괜찮아요. 그냥 **3** I can get past it and I'll get over it, 하지만 **4** I was a little bit upset initially.

34 ▶ 우울한 감정 묘사

뉴요커 다희 씨가 기분이 안 좋아 보이네요. 그녀가 우울한 감정에 대해 어떻게 묘사하는지 살펴볼까요?

? 영어로 어떻게 말할까요?

1 사실 제가 오늘 쉬는 날인데요.
힌트 day off

2 기분이 완전히 우울한 건 아닌데, 그냥 좀 안 좋아요.
힌트 depressed, sad

3 지금 제 기분이 그래요.
힌트 feeling

4 나가려면 준비해야 하고, 꾸며야 하잖아요.
힌트 get, presentable

궁금증 해결은
다음 페이지에서 ❗

AMERICAN CULTURE

Bless you!(저런!)

누군가 '에취(Aacchoo!)' 하고 재채기할 때 외국인 친구가 (God) Bless you.라고 하는 말을 들어 본 적이 있나요? 미국의 경우 누군가가 재채기(sneeze)를 하면 주변에 있던 사람이(아는 사이든 모르는 사이든) Bless you.라고 말해 주는 것이 일종의 굿 매너입니다. 이때 재채기를 했던 당사자는 이에 대한 응답으로 Thank you.라고 말합니다. 이 말은 재채기를 할 때 그 사람의 영혼이 빠져나가 신에게 갈 수도 있다고 믿었다는 설에서 기원했다고 해요. 그래서 재채기가 사악한 존재를 몸 안으로 불러들일 수도 있다고 생각하기에 신의 가호를 빌었다는 설이 있습니다.

CORE SENTENCES

영어 표현에 관한 궁금증을 해결해 볼까요?

1

사실 제가 오늘 쉬는 날인데요.

Today it's actually my day off from work.

day off는 '쉬는 날'이라는 뜻입니다. 그래서 **take**와 함께 쓰여 **take a day off**라고 하면 '하루 휴가를 내다'라는 의미입니다.

Today is my day off from work.
오늘은 제가 쉬는 날이에요.

I took a day off.
난 하루 휴가 냈어.

Can I take the day off today?
오늘 휴가를 써도 될까요?

2

기분이 완전히 우울한 건 아닌데, 그냥 좀 안 좋아요.

I feel really, not depressed, but just sad.

depressed는 '우울한', **sad**는 '슬픈'이라는 뜻으로 많이 알고 있는데요. **depressed**가 **sad**보다는 좀더 슬픈 느낌입니다. '우울한'과 관련된 표현들이 몇 개 더 있는데요. **mopey**나 **gloomy**도 '슬픈, 외로운, 우울한'이라는 뜻이 있습니다. 그리고 **depressed**의 명사 형태로 **depression**을 쓰면 '우울증'을 가리킵니다.

Do you feel depressed about the future?
미래에 대해 우울해하고 있나요?

She was feeling mopey today because she just broke up with her boyfriend.
그녀는 오늘 우울했어요, 왜냐하면 막 남자친구하고 헤어졌거든요.

Slowly, my depression started to lift as the summer began.
여름이 시작되자 내 우울증은 서서히 사라지기 시작했다.

3

지금 제 기분이 그래요.

That's my feeling right now.

feel은 '느끼다'라는 동사인데요 여기에 **-ing**를 붙여서 **feeling**이 되면 '기분, 느낌'이라는 명사로 쓰여요. 이때 **feeling**은 셀 수 있는 명사예요.

My feeling is not good.
기분이 좋지 않아요.

It's just a feeling.
그냥 느낌이야.

right now는 '지금 당장'이라는 뜻이에요. 이와 비슷한 표현으로 **right away**, **at once**, **immediately** 등이 있어요.

Could you do it right now?
지금 당장 그것을 해 줄래요?

4

나가려면 준비해야 하고, 꾸며야 하잖아요.

Because then I have to get ready and look presentable.

because는 '~하기 때문에'라는 뜻의 접속사로 **because** 다음에 '주어＋동사'가 옵니다.

'**have to**＋동사원형'은 '~해야 한다'라는 의무를 나타내는 조동사로 **must**와 뜻이 비슷해요.

get ready는 '준비를 하다'라는 뜻으로 **get** 대신에 **be**를 쓸 수도 있습니다.

외출을 할 때 보통 몸단장을 하는데요. 그때 쓸 수 있는 표현이 바로 **presentable**이에요. 그래서 **look presentable**은 다른 사람한테 보여 줄 수 있을 정도로 매력적으로 단장을 하는 것을 말해요.

You must look presentable when going to work.
출근할 때는 꾸며야 해요.

뉴요커 다희 씨가 우울한 감정에 대해 묘사하는 내용입니다. 앞에서 배웠던 표현을 확인해 보세요!

Hi. Um... **1** 사실 제가 오늘 쉬는 날인데요. But as you can see the weather... kind of sucks. I mean, the flowers are pretty. But I think it rained earlier. It's just not a good day and, **2** 기분이 완전히 우울한 건 아닌데, 그냥 좀 안 좋아서요. You know, when you feel just sad. And you don't know why it's deep down in your core... **3** 지금 제 기분이 그래요. Just taking a walk, enjoying the scenery, that is my neighborhood. But I just don't know really what to do because it's my day off but I don't really want to leave my house. **4** 나가려면 준비해야 하고, 꾸며야 하잖아요. But I don't know, you know whenever you feel like that? Just in my zone (I'm) not really gonna do much today. Just gonna be depressed. Maybe I'll go home. Watch a sad movie. Cry it out. But I think I brought my head phones. I'm gonna listen to some music, maybe sit on the grass, even though it's wet. And just enjoy my day off. Bye!

안녕하세요. 음… **1** Today it's actually my day off from work. 보시다시피 날씨가… 별로네요. 음, 꽃이 예쁘네요. 그런데 아까 비가 왔던 것 같아요. 그냥 날씨도 별로고, **2** I feel really, not depressed, but just sad. 있잖아요, 그냥 좀 울적할 때요. 이유는 잘 모르겠지만 깊숙한 데서 느껴지는 거에요… **3** That's my feeling right now. 그냥 좀 걷기도 하고, 풍경도 감상하고요, 저희 동네 풍경이에요. 근데 오늘 쉬는 날이라 그냥 뭘 해야 할지 모르겠어요. 근데 진짜 집 밖으로 나가고 싶진 않아요. **4** Because then I have to get ready and look presentable. 그런데 잘 모르겠어요, 이런 기분일 때 아시죠? 그냥 제 공간에서 별거 안 하면서 있어야겠어요. 더 우울해질 것 같아서 집에 가야겠어요. 슬픈 영화를 하나 보고. 울어 버려야지. 제가 헤드폰을 가져온 것 같네요. 음악 좀 들어야겠어요, 좀 젖었겠지만 잔디밭에 앉아서요. 그냥 오늘 하루 휴가를 즐기겠어요. 안녕히 계세요!

| WORDS |

suck 형편없다
scenery 경치
leave 떠나다

deep down 마음속으로는, 내심
neighborhood 동네, 이웃
get ready 준비하다

take a walk 산책하다
day off 쉬는 날
presentable 남 앞에 내놓을 만한

뉴요커 다희 씨가 전화로 피자를 주문하고 있습니다. 어떤 대화를 나누는지 살펴볼까요?

? 영어로 어떻게 말할까요?

1 쿠폰이나 특별 할인 같은 게 있나요?

힌트 have, available

2 소스를 추가하거나 다른 디핑 소스를 하시겠어요?

힌트 would, dipping sauce

3 피자 반쪽에만 할라페뇨를 올려 주시겠어요?

힌트 jalapeno, half

4 피자 말고 다른 메뉴는 뭐가 있나요?

힌트 options, other than

5 방문 포장이세요, 아니면 배달이세요?

힌트 be carry-out

궁금증 해결은
다음 페이지에서 !

177

CORE SENTENCES

영어 표현에 관한 궁금증을 해결해 볼까요?

---

1 쿠폰이나 특별 할인 같은 게 있나요?

Do you have any coupons available, or any specials available?

Do you have ~?는 '~을 가지고 있나요?'라는 뜻이에요. 가게에서 물건이 있는지 문의할 때 많이 쓰는 표현이에요. **coupon**은 '할인권', **special**은 음식점 등에서 제공하는 '특별 할인가'를 뜻해요. 식당에서 점심시간에 **lunch special**을 제공하는 것을 본 적이 있을 텐데요. 이 말은 식당에서 특별히 가격 경쟁력이 있는 음식을 판다는 뜻입니다. **coupons**와 **specials** 뒤에 **available**을 쓴 것은 그런 쿠폰이나 특별 할인가가 '(사용이) 가능한지' 묻기 위해서예요. 주문을 하기 전에 이렇게 확인(**confirm**)하면 좋아요.

 추가표현

판매를 할 때 **coupon**이랑 **special** 말고도 **promotion**을 진행하는 게 있는데요. 이는 매출을 늘리기 위해 하는 '홍보 활동'을 뜻해요.

We have a special promotion on this course.
이 코스에 대해 특별 프로모션을 진행합니다.

---

2 소스를 추가하거나 다른 디핑 소스를 하시겠어요?

Would you like any dipping sauces, or extra dipping sauce?

Would you like ~?는 '(매너 있고 정중하게) ~하시겠습니까?' 하고 요청하는 표현이에요. '**Would you like**＋명사?'가 올 수도 있고 '**Would you like to**＋동사원형?'이 올 수도 있어요.

Would you like a coffee? 커피 드실래요?

Would you like to take a walk? 산책 가실래요?

dipping sauce는 '찍어 먹는 소스'를 말해요.

178

3

피자 반쪽에만 할라페뇨를 올려 주시겠어요?

Can I get the jalapeno peppers on half the pizza?

Can I get ~?은 '~을 주시겠어요?'라는 뜻이에요. 할라페뇨(**jalapeno**)는 피클과 함께 많이 나오는 매운 고추를 가리켜요. **half**는 반쪽이라는 뜻으로 **on half the pizza** 하면 '피자 반쪽'을 가리킵니다. 요새는 토핑을 나의 취향에 맞춰서 만드는 **Build your own pizza.**도 메뉴에 많이 있어요.

Can I get _____ on my pizza?
> **extra cheese** 치즈 추가
> **extra olives** 올리브 추가
> **extra pepperoni** 페퍼로니 추가

4

피자 말고 다른 메뉴는 뭐가 있나요?

What other options do you have other than pizza?

option은 '선택할 수 있는 것'이라는 뜻으로 다른 선택권을 물을 때 **What other options**를 써서 물어볼 수 있습니다. **do you have?**는 '~이 있나요?'라는 의미입니다. **other than**은 '~와는 다른, ~ 외에'라는 뜻입니다.

We have two options right now.
우리는 지금 두 가지 선택지가 있어요.

What kinds of drinks do you have other than Coke?
콜라 말고 어떤 음료가 있나요?

5

방문 포장이세요, 아니면 배달이세요?

Is this gonna be carry-out or delivery?

gonna be는 **be going to**의 비격식체로 쓰며 '~할 것이다'라는 뜻으로 예정을 묻고 있습니다.

Are you going to make a presentation at this conference?
이번 컨퍼런스에서 프레젠테이션을 하실 생각인가요?

carry-out은 '사 들고 가는 요리, 사 가지고 갈 수 있는'의 뜻으로 **takeout**, **takeway**와 비슷한 표현
이에요. 이 표현 외에 '포장이신가요, 아니면 배달이신가요?'는 간단히 **pick-up or delivery**를 쓰기
도 해요.

I get a carry-out coffee on my way to the office.
사무실로 오는 길에 커피를 포장해서 왔어요.

➕추가표현

배달일 경우 다음과 같이 지시사항을 추가로 말할 수 있어요.
Just call me at this number when you get here.
도착하면 이 번호로 전화 주세요.

뉴요커 다희 씨가 전화로 피자를 주문하는 내용입니다. 앞에서 배웠던 표현을 확인해 보세요!

Dahee **1** 쿠폰이나 특별 할인 같은 게 있나요?

2 소스를 추가하거나 다른 디핑 소스를 하시겠어요? **"Ranch, garlic dipping sauce, marinara"**

3 피자 반쪽에만 할라페뇨를 올려 주시겠어요?

4 피자 말고 다른 메뉴는 뭐가 있나요?

"What kind of dipping cups do you have for chicken?"
"I'll review your order."

5 방문 포장이세요, 아니면 배달이세요?

"Delivery Instructions" "If you arrive, please push the gate code OOO."
"Your order will be delivered in about 30-40 minutes."
"Pay now with debit"

다희 **1** Do you have any coupons available, or any specials available?

2 Would you like any dipping sauces, or extra dipping sauce? "랜치, 갈릭 디핑소스, 마리나라"

3 Can I get the jalapeno peppers on half the pizza?

4 What other options do you have other than pizza?
"치킨용 소스는 어떤 게 있죠?"
"주문 확인하겠습니다."

5 Is this gonna be carry-out or delivery?
"배송 메모" "만약 도착하시면 게이트 번호 OOO를 눌러 주세요."
"고객님이 주문하신 음식이 30-40분 사이에 도착할 예정입니다.".
"체크카드로 바로 결제하기"

| WORDS |

review 확인하겠습니다   delivery instructions 배송 메모   push 누르다
be delivered 배달되다   in about 30~40 minutes 약 30~40분 후에
debit (card) 직불 카드

36 ▶ 야경 묘사

뉴요커 다희 씨가 관광지에서 친구와 야경을 보고 있습니다. 어떻게 멋진 야경을 묘사하는지 살펴볼까요?

? 영어로 어떻게 말할까요?

1 이 멋진 풍경을 보면서 여기 뉴욕, 덤보에 있으니 자유로워요.
 힌트 liberated, look at

2 이 야경을 구체적으로 어떻게 묘사하시겠어요?
힌트 describe, scenery

3 친밀한 분위기를 원하는 사람은 누구나.
힌트 look for, intimate vibe

4 만약 언제가 됐든 뉴욕에 오셔서 멋진 야경을 찾으신다면 덤보를 강력 추천해요.
힌트 highly recommend

5 솔직히 일반적으로 그냥 야경이라는 것만으로도 좋죠.
힌트 view, idea

궁금증 해결은
다음 페이지에서 !

CORE SENTENCES

영어 표현에 관한 궁금증을 해결해 볼까요?

1

이 멋진 풍경을 보면서 여기 뉴욕, 덤보에 있으니 자유로워요.

I feel liberated here in Dumbo, New York, looking at this wonderful view.

feel liberated는 '해방된 기분이다'라는 뜻으로 보통 바닷가나 강가처럼 탁 트인 공간에서 느낄 수 있는 자유로운 감정을 표현해. **Dumbo**는 **Down Under the Manhattan Bridge Overpass**의 약자로 젊은이들한테 인기 있는 힙한 거리를 말해요. **look at this wonderful view**는 분사구 형태로 앞에 나오는 **Dumbo**에 대한 설명을 하고 있어요.

This song makes me feel so liberated.
이 노래는 저에게 자유로운 느낌을 줘요.

이 야경을 구체적으로 어떻게 묘사하시겠어요?

How would you describe this night scenery specifically?

How would you describe ~?는 '~을 어떻게 묘사하시겠어요?'라는 의미예요.

How would you describe yourself?
자신을 어떻게 소개하시겠어요?

night scenery는 '야경'을 말해요. **scenery**는 '경치, 풍경'이라는 의미로 **scene, view**와 비슷한 표현이에요.
The scenery is stunning.
경치가 너무 아름다워요.

specifically는 '구체적으로'라는 뜻이에요.
Please tell me specifically what you want.
원하는 것을 구체적으로 말해 주세요.

3

친밀한 분위기를 원하는 사람은 누구나.
Anyone that's looking for intimate vibe.

intimate는 '친밀한', vibe는 '분위기, 느낌'이라는 의미입니다. look for는 '~을 찾다'라는 뜻이에요. that's는 that is의 축약형으로 that is looking for intimate vibe는 '친밀한 분위기를 원하는'이 라는 뜻으로 앞에 있는 anyone을 꾸며 주고 있어요.

I am looking for a singer to collaborate with me.
나랑 함께 협업할 가수를 찾고 있어요.

4

만약 언제가 됐든 뉴욕에 오셔서 멋진 야경을 찾으신다면 덤보를 강력 추천해요.
We highly recommend Dumbo for a great night view, if you are ever in New York.

highly는 '대단히, 매우'라는 뜻이고, recommend는 '추천하다'라는 의미예요. 그래서 I highly recommend는 '~를 강력 추천해요'라는 느낌으로 써요.

A: I don't know what to buy.
뭘 사야 할지 모르겠어.

B: I highly recommend this one.
난 이거 강력 추천해.

for a great night view는 '정말 멋진 경치를 찾으신다면'이라는 뜻으로 쓰였어요. ever는 조건문에 서 '언젠가'라는 뜻으로 쓰여요. 그래서 if you are ever in New York은 '언제가 됐든 뉴욕에 오게 된다면'이라는 의미로 볼 수 있어요.

If you ever visit London, come to my place.
언젠가 런던에 온다면 우리 집에 오세요.

솔직히 일반적으로 그냥 야경이라는 것만으로도 좋죠.

Just a night view in general is a really good idea, honestly.

just는 '그저, 그냥'이라는 뜻으로 just a night view 하면 '그냥 야경'이라는 의미입니다.

It is just an ordinary pancake and not so special.
그냥 평범한 팬케이크지 그렇게 특별하지는 않아요.

in general은 '일반적으로, 대개'라는 뜻이에요. 이와 비슷한 표현으로 as a whole, largely도 있어요.

In general, this café opens at 7 a.m.
이 카페는 보통 오전 7시에 열어요.

view는 '관점, 견해'라는 뜻도 있지만 '경치'라는 의미도 돼요. 여기서 night view는 '야경'이라는 뜻입니다.

In my view, he is too cautious.
내 생각에 그는 너무 신중해요.

~ is a good idea는 '~이 좋은 생각이다'라고 말할 때 쓸 수 있어요.

I think it would be a good idea to take a medical examination.
제 생각에 건강검진을 받는 건 좋은 생각인 것 같아요.

honestly는 '솔직히'라는 의미입니다.

Honestly, I feel like I'm in love with you.
솔직히 너와 사랑에 빠진 느낌이야.

Honestly, I feel bad for Zoe.
솔직히 조가 안 됐어.

뉴요커 다희 씨가 친구와 관광지에서 멋진 야경을 묘사하는 내용입니다. 앞에서 배웠던 표현을 확인해 보세요!

Dahee	Hi!
Friend	Hi!
Dahee	All right, introduce yourself to the audience. And tell us how you feel right now.
Friend	My name is Pier and I feel great. **1** 이 멋진 풍경을 보면서 여기 뉴욕, 덤보에 있으니 자유로워요.
Dahee	OK. **2** 이 야경을 구체적으로 어떻게 묘사하시겠어요?
Friend	Very relaxing, very comforting, the lights look spectacular. And I would strongly recommend that, any night view is definitely recommended.
Dahee	OK, and who would you recommend to come here? And like check out the night scenery?
Friend	Anyone that's looking to be on a date. **3** 친밀한 분위기를 원하는 사람은 누구나. You can even bring your friends and family here.
Dahee	And what is your favorite night view in New York City?
Friend	Definitely here. Dumbo, Brooklyn, New York.
Dahee	All right. Well, like she said, **4** 만약 언제가 됐든 뉴욕에 오셔서 멋진 야경을 찾으신다면 덤보를 강력 추천해요. And, yeah. **5** 솔직히 일반적으로 그냥 야경이라는 것만으로도 좋죠. To get away and relax.
Dahee	All right. This is Dahee and Pier, and we'll see you next time!
Friend	Bye!

다희	어서 와!
친구	안녕!
다희	좋아, 시청자분들께 인사해. 그리고 지금 어떤 기분인지도 말해 줘.
친구	저는 피어라고 해요. 그리고 지금 기분이 아주 좋아요. **1** I feel liberated here in Dumbo, New York, looking at this wonderful view.
다희	좋아. **2** How would you describe this night scenery specifically?
친구	마음이 진짜 편하고 불빛은 환상적이에요. 야경은 강추예요, 어떤 야경이든 진짜 추천할 만해요.
다희	좋아, 그럼 누구에게 여기를 추천하실 건가요? 야경을 보러 오라고 하고 싶은 사람은?
친구	데이트하고 있는 것 같은 사람은 누구든지. **3** Anyone that's looking for intimate vibe. 친구

	나 가족과 함께 올 수도 있죠.
다희	그럼 뉴욕에서 제일 좋아하는 야경은 어디죠?
친구	당연히 여기죠. 뉴욕 브루클린 덤보.
다희	좋아요. 음, 피어가 말한 것처럼, **4 we highly recommend Dumbo for a great night view, if you are ever in New York.** 음, 네. **5 Just a night view in general is a really good idea, honestly.** 일상에서 벗어나 쉬기에 (좋죠).
다희	네. 지금까지 다희와 피어였어요, 그럼 다음에 만나요!
친구	안녕!

| WORDS |

audience 시청자　　　　　　feel great 기분이 아주 좋다　　　relaxing 느긋한
comforting 위로가 되는　　　spectacular 장관인　　　　　definitely 당연히
get away 일상을 벗어나다

187

뉴요커 다희 씨가 친구와 관광지에 있습니다. 어떻게 관광지를 묘사하는지 살펴볼까요?

? 영어로 어떻게 말할까요?

1 자, 우리가 어디 있는지 말해 줘!

힌트 tell, where

2 이 정도는 브루클린 브리지에서 보통이에요.

힌트 typical, bridge

3 건너가려면 60분 정도 걸려요, 저희처럼 산책하듯 걸으면요.

힌트 take, get across, like

4 이 끔찍한 콘크리트 도시에서 청량제 같은 곳이죠.

힌트 fresh air, concrete city

5 일상에서 벗어나기 좋은 장소야.

힌트 get away

궁금증 해결은
다음 페이지에서 ❗

AMERICAN CULTURE

놀이공원(Amusement Park 또는 Theme Park)을 좋아하는 미국인

휴가철이 되면 미국의 대규모 놀이공원이 사람들로 북적이는데요. 미국 영화나 드라마에서도 가족이나 연인들이 놀이공원에 가는 장면이 자주 등장하고는 합니다. 살짝 무섭지만 잠깐 동안 짜릿한 기분이 들고 비명을 막 지르며 스트레스를 한번에 날리는 것이 놀이공원의 묘미이지요. 이런 놀이공원은 미국에서는 특히 가족들이 휴가철에 많이 갑니다. 물론 디즈니 사에서 운영하는 대규모 놀이공원인 디즈니랜드같은 곳은 전 세계에서 관광객들이 몰려오는 것으로 유명하죠. 무료한 일상에서 벗어나 아찔하고 색다른 경험을 즐길 수 있기 때문에 인기가 많습니다.

CORE SENTENCES

영어 표현에 관한 궁금증을 해결해 볼까요?

1

자, 우리가 어디 있는지 말해 줘!

So tell us where we are!

So는 '그럼, 자'라는 의미로 문장 앞에서 감탄사처럼 쓰였습니다.

'**tell**＋간접목적어＋직접목적어'는 '누구에게 ~을 말하다'라는 뜻이에요. 그래서 **tell us where we are**는 '우리가 어디에 있는지 말해 줘'라는 뜻으로 쓰였어요. **where we are**는 목적어로 쓰였기 때문에 의문문이 평서문의 어순이 되었어요.

Tell us where _____
> **you live** 네가 (어디) 사는지
> **the house is** 집이 (어디) 있는지

2

이 정도는 브루클린 브리지에서 보통이에요.

That's pretty typical for this bridge.

여기서 **That**은 본문 대화문의 화자들이 있는 '브루클린 다리의 풍광'을 가리켜요. **typical**은 '보통의'라는 뜻이에요. 이를 강조하기 위해서 앞에 **pretty**를 넣어 **pretty typical**이라고 했어요. 이때 **pretty**는 '예쁜'이라는 뜻이 아닌 '꽤'라는 뜻으로 쓰였어요.

A typical lunch for me would be a big sandwich.
제가 먹는 점심은 보통 큰 샌드위치입니다.

That's pretty typical for _____
> **the end of August** 8월 말
> **New York weather** 뉴욕 날씨
> **a 17-year-old** 17살

3

건너가려면 60분 정도 걸려요, 저희처럼 산책하듯 걸으면요.

It takes about 60 minutes to get across it, if you're walking at a leisurely pace like we are.

'It takes＋시간＋to부정사'는 '~하는 데 시간이 … 걸리다'라는 의미입니다. **get across**는 '길을 건너다'라는 뜻이에요. 여기서는 다리를 가로질러 건너편으로 가는 모습을 나타냈어요. 따라서 **It takes about 60 minutes to get across**는 '길을 건너는 데 60분 정도 걸려요'라는 뜻입니다.

It takes about half an hour to get to work. 회사 가는 데 30분 정도 걸려요.

4

이 끔찍한 콘크리트 도시에서 청량제 같은 곳이죠.

It's a breath of fresh air in this crazy concrete city.

a breath of fresh air는 직역하면 '시원한 한숨의 공기'로 그 속뜻은 청량제 같은 사람이나 사물을 가리켜요.

Meditation is a breath of fresh air to me.
명상은 나한테는 한숨의 공기와 같아요.

보통 도시의 삭막함을 표현할 때 콘크리트 도시라는 말을 씁니다. 도시의 빌딩이 콘크리트로 만들어졌기 때문인데요. 콘크리트 도시를 영어로 **this crazy concrete city**라고 표현하기도 해요. **crazy**를 써서 말도 안 될 정도로 삭막하다는 것을 강조하는 거죠. 이 표현 대신에 **concrete jungle**이라는 표현도 쓰는데요. 삭막한 도시를 빌딩 숲에 비유한 것이라고 볼 수 있습니다.

I still live here even though I hate this concrete jungle.
이런 콘크리트 정글을 싫어하지만 여전히 여기에 살고 있어요.

5

일상에서 벗어나기 좋은 장소야.
It's a good place to get away.

'**It's a good place to**＋동사원형'은 '～하기 좋은 곳이에요'라는 뜻이에요.

It is a good place to _____

       live 살다
       buy unique handicrafts 독특한 수공예품을 사다
       take a walk 산책하다

get away는 '휴가를 떠나다, 벗어나다'라는 뜻인데요. **getaway**로 붙여 쓰면 '휴가, 휴가지'라는 명사가 됩니다.

I want to get away for a month. 나는 한 달 동안 휴가를 가고 싶어요.
I really need a getaway! 나는 정말 휴가가 필요해!

뉴요커 다희 씨가 친구와 관광지를 묘사하는 내용입니다. 앞에서 배웠던 표현을 확인해 보세요!

Dahee	**1** 자, 우리가 어디 있는지 말해 줘!
Ashley	**We are at the Brooklyn bridge! It is the most famous and beautiful bridge in all of New York City! Um, it's pretty crowded as you can see.** **2** 이 정도는 브루클린 브리지에서 보통이에요.
Dahee	**(It's) Really crowded.**
Ashley	**It's really popular and,** **3** 건너가려면 60분 정도 걸려요, 저희처럼 산책하듯 걸으면요.
Dahee	**Oh, so pretty. How do you feel?**
Ashley	**It's amazing. I love it here.**
Dahee	**Tell the viewers why they should come here.**
Ashley	**OK. It's the best feeling.** **4** 이 끔찍한 콘크리트 도시에서 청량제 같은 곳이죠.
Dahee	**Exactly.** **5** 일상에서 벗어나기 좋은 장소야. **Let's do it "on three", ready? One, two, three, ha~ How was it?**
Ashley	**Amazing, it's beautiful!**
Dahee	**So nice.**

다희	**1** So tell us where we are!
애슐리	우린 브루클린 브리지에 있어요! 뉴욕 전체에서 제일 유명하고 아름다운 다리예요. 음, 보시다시피 꽤 붐비네요. **2** That's pretty typical for this bridge.
다희	정말 사람이 많다.
애슐리	진짜 인기 많고, **3** it takes about 60 minutes to get across it, if you're walking at a leisurely pace like we are.
다희	아, 정말 예쁘다. 기분이 어때?
애슐리	최고야. 여기 진짜 좋다.
다희	시청자분들께 왜 여기 와 봐야 하는지 이유도 얘기해 줘.
애슐리	알았어. 정말 기분 최고예요. **4** It's a breath of fresh air in this crazy concrete city.
다희	정말이야. **5** It's a good place to get away. 셋 세면 들이마시자, 준비됐어? 하나, 둘, 셋, 하압~ 어땠어?
애슐리	진짜 멋있었어, 아름다워!
다희	너무 좋다.

|WORDS|

crowded 붐비는, 복잡한   leisurely pace 여유 있는 속도로, 산책하는 속도로

SNS에 영상 업로드

뉴요커 다희 씨가 인터넷에 글을 올리고 있습니다. 어떤 내용을 올리는지 살펴볼까요?

? 영어로 어떻게 말할까요?

1 비즈니스 관련 문의는 이메일로 부탁드려요.

(힌트) send, inquires

2 저는 여러분과 댓글로 소통하는 게 더 좋아요.

(힌트) prefer, communicate

3 그리고 비방이나 악플은 바로 삭제 후 신고하겠습니다.

(힌트) negative, delete, report

궁금증 해결은
다음 페이지에서

AMERICAN CULTURE

Thumps up / Thumps down (엄지손가락 위로 / 엄지손가락 아래로)

SNS를 하다 보면 좋아하는 글이나 사진에 엄지손가락이 위로된 아이콘을 누르고, 마음에 들지 않으면 엄지 손가락이 아래로 된 아이콘을 누르지요. 이 아이콘은 원래 미국인들이 많이 쓰는 제스처로 Thumps up은 공감이나 만족을 가리키고 Thumps down은 그 반대를 의미해요. 이처럼 두 개의 단어가 복합어(compounds words)로 합쳐져서 다른 의미가 되기도 하는데요. 이 단어의 기원은 로마의 원형 경기장 시대로 거슬러 올라갑니다. 원형 경기장에서 황제가 엄지손가락을 올리거나 내림으로써 검투사의 삶과 죽음을 명령했다고 해요.

CORE SENTENCES

영어 표현에 관한 궁금증을 해결해 볼까요?

1

비즈니스 관련 문의는 이메일로 부탁드려요.

Send me an email only business inquiries.

'**send**＋간접목적어＋직접목적어'는 '~에게 …을 보내다'라는 의미예요.

You can send me a message by clicking on the 'Send Message' tab.
메시지 보내기 탭을 클릭하면 메시지를 보낼 수 있어요.

inquiry는 '질문, 문의'라는 뜻으로 복수형은 **inquiries**입니다. 여기서 **business inquires**는 '비즈니스 관련 문의'라는 뜻이에요.

I am writing in response to your inquiry regarding your proposed trip to the US.
계획하신 미국 여행에 관한 질문에 대해 답장을 드립니다.

2

저는 여러분과 댓글로 소통하는 게 더 좋아요.

I would prefer that you would actually communicate with me through comments.

I would prefer that은 '~하는 게 더 좋아요'라는 뜻이에요.

I would prefer that you come in and talk it over with us.
당신이 와서 우리랑 얘기하는 게 더 좋아요.

communicate with는 '~와 소통하다'라는 뜻이에요. 인터넷에서는 주로 댓글을 통해 소통을 하는데요. 그때 '댓글'을 **comment**라고 해요. 이 중에서도 안 좋은 댓글은 '악플'이라고 해서 **hateful comments**라고 합니다. **hateful**은 '미워하는'이라는 뜻으로 동사형은 **hate**(미워하다)예요.

194

3

그리고 비방이나 악플은 바로 삭제 후 신고하겠습니다.

Also, any negative comments or hateful comments will be deleted and reported immediately.

also는 '또한, 게다가'라는 뜻으로 덧붙여서 말할 때 씁니다. 하지만 **also**는 부정문에는 쓰지 않아요.

It was also wonderful.
게다가, 그것은 멋졌어요.

comment는 '댓글'이라는 뜻으로 **negative comments or hateful comments** 하면 '비방이나 악플'이라는 뜻이에요.

The hateful comments feel like a stab in the heart.
악플은 심장에 찌르는 느낌이 들어요.

will be deleted and reported immediately는 '삭제되고 바로 신고[보고]가 될 것이다'라는 뜻으로 비방이나 악플을 달 경우 앞으로 일어날 일에 대해 말함으로써 경고를 하고 있어요.

The economy will be better for the next five years.
앞으로 5년 동안 경제가 좋아질 거예요.

➕ 추가표현

SNS, 즉 소셜 네트워킹 서비스(**social networking service**)에서 많이 쓰는 표현들을 더 알아볼게요.

Please like and share this video. 좋아요 눌러 주시고 공유해 주세요.
Please make sure to subscribe to this channel. 꼭 이 채널 구독해 주세요.
Please post your comments on this video. 이 영상에 대한 댓글도 달아 주세요.
And leave any comments or further suggestions.
제안 있으시면 댓글에 남겨 주세요.

Don't forget to turn on notifications for Mobile App and Web.
모바일 앱이나 웹에서 알람 기능을 켜 주세요

뉴요커 다희 씨가 인터넷에 글을 올리는 내용입니다. 앞에서 배웠던 표현을 확인해 보세요!

So I'm gonna upload a video of my cute dog. And I have to write a description about it.

Basically it says, more of my videos on my pets and life are linked down below. If you like to see more in the future, make sure to subscribe by clicking my SNS link. And also turn on notifications by clicking the little bell icon. **1** 비즈니스 관련 문의는 이메일로 부탁드려요. **2** 저는 여러분과 댓글로 소통하는 게 더 좋아요. And feel free to leave any recommendations as well. I'll love to communicate with you guys that way. **3** 그리고 비방이나 악플은 바로 삭제 후 신고하겠습니다. Thanks for watching!

제 귀여운 강아지 영상을 올리려고 하거든요. 그리고 이 영상을 설명하는 글을 써야 하는데요.
기본적으로 이렇게 써요, 제 반려견과 일상 관련한 더 많은 영상은 아래쪽에 링크되어 있습니다. 만약 앞으로 더 많은 영상을 보고 싶다면, 여기 제 SNS 링크를 클릭해서 꼭 구독해 주세요. 그리고 작은 종 모양 아이콘을 눌러 알림 기능을 켜 주세요. **1** Send me an email only business inquiries. **2** I would prefer that you would actually communicate with me through comments. 자유롭게 의견도 남겨 주세요. 이런 방식으로 소통하는 거 정말 좋아해요. **3** Also, any negative comments or hateful comments will be deleted and reported immediately. 시청해 주셔서 감사해요!

| WORDS |

upload 올리다   description 묘사   basically 근본적으로
notification 알림, 통고

SNS 맛집 묘사

뉴요커 다희 씨가 **SNS**에서 맛집에 대해 묘사하고 있습니다. 어떻게 맛집을 묘사하는지 살펴볼까요?

⑦ 영어로 어떻게 말할까요?

1 **'치즈보트'라는 곳이에요.**

[힌트] be called

2 **그래서 댓글로 남기려고요.**

[힌트] put down

3 **한 번 정도 가 볼 만한 곳.**

[힌트] try

4 **누가 여기 위치가 어딘지 말해 줄 수 있어요?**

[힌트] tell, where

5 **왜냐면 제가 해리 포터 왕팬이거든요.**

[힌트] since, such

궁금증 해결은
다음 페이지에서 ❗

AMERICAN CULTURE

English Portmanteau words(영어의 혼성어)

두 단어의 일부 혹은 전체를 합쳐서 만든 단어를 '혼성어'라고 해요. **Portmanteau**는 프랑스에서 가져온 말로 많은 물건을 담을 수 있는 '큰 여행가방'을 뜻해요. 혼성어를 보면 두 단어의 일부가 결합 해서 혼합된 뜻을 가진 새로운 단어가 만들어진 것을 알 수 있어요. 한 단어 안에 여러 단어를 담는다 고 생각하면 이해하기 쉬워요.

예시. brunch = breakfast + lunch   podcast = iPod + broadcast
workaholic = work + alcoholic   emoticon = emotion + icon
bromance = brother + romance   sitcom = situational + comedy

영어 표현에 관한 궁금증을 해결해 볼까요?

1

'치즈보트'라는 곳이에요.

It's called the 'Cheeseboat.'

It's called는 '~라고 한다, 불린다'라는 뜻이에요.

It's called Bulgogi Bibimbap.
불고기 비빔밥이라고 해요.

2

그래서 댓글로 남기려고요.

So I think, I'm gonna put a comment down.

put down은 두 가지 뜻으로 쓰는데요. 하나는 '내려놓다', 또 하나는 '(이름, 번호, 댓글 등)을 쓰다'라는 의미예요. 여기서 **I'm gonna put a comment down.**은 '댓글을 남기려고 한다.'라는 뜻입니다.

I put[let] a comment down on their newest music video. It is awesome.
그들의 최신 뮤직 비디오에 대한 댓글을 남겼어요. 정말 멋지거든요.

3

한 번 정도 가 볼 만한 곳.

It was okay to try once.

'**It was okay to**+동사원형'은 '~하는 것도 괜찮다'라는 뜻이에요. **try once**는 '한 번 해 보다'라는 의미입니다. 참고로 '한 번'은 **once**, '두 번'은 **twice**, 세 번부터는 **three times**처럼 숫자 뒤에 **times** 붙여서 빈도를 나타내요.

You need to try it once in your lifetime.
인생에 한 번은 시도해 볼 필요가 있어요.

누가 여기 위치가 어딘지 말해 줄 수 있어요?

Can someone tell me where the location of this place is?

'Can+주어+tell+간접목적어+직접목적어?'는 '~에게 …해 주시겠어요?'라는 요청을 나타내는 표현입니다. **someone**은 '누구, 어떤 사람'이라는 뜻이에요. 그래서 **Can someone tell me ~?**는 '누군가 저에게 말을 해 주시겠어요?'라는 뜻입니다. 뒤에 나온 **where the location of this place is**는 **tell**의 목적어로 평서문의 어순으로 쓰였어요.

Can you tell me what festival that is?
무슨 축제인지 말해 주시겠어요?

왜냐면 제가 해리 포터 왕팬이거든요.

Since I'm such a big Potter fan.

since는 '~이기 때문에'라는 뜻으로 이유를 나타내는 접속사입니다. '너무, 아주'를 영어로 하면 어떤 단어가 가장 먼저 떠오르시나요? 아마도 **too**가 아닐까 싶은데요. 사실 이것 외에 원어민들은 **such a**도 상당히 즐겨 사용합니다. 그래서 **such a big Potter fan** 하면 '해리포터 왕팬'을 가리킵니다.

I'm such a big fan. / I'm such a big fan of yours. /
I'm such a big K-pop fan.
저는 진짜 왕팬이에요. / 제가 당신의 왕팬이에요. / 제가 케이팝 왕팬입니다.

It's such a nuisance.
참으로 성가시네요.

It's such a waste.
너무 아까워요.

It's such a bother.
너무 귀찮아요.

REAL SITUATION in NEW YORK

🎧 39. mp3

뉴요커 다희 씨가 맛집에 대해 묘사하는 내용입니다. 앞에서 배웠던 표현을 확인해 보세요!

(This is) really famous SNS account and it pretty much like… combines a lot of the really well-rated food places and restaurants and recommends people to go there.

But actually, I found one that I've been to in Brooklyn. **1** '치즈보트'라는 곳이에요. And they, like, melt cheese in a bread boat or a bread… I guess… um… bowl…? and serve. It's pretty much just cheese. It wasn't really anything special. **2** 그래서 댓글로 남기려고요. Honestly, it wasn't anything special. **3** 한번 정도 가볼 만한 곳.

This place, I've actually seen a few times. It's not a food place, but it's kind of like a bar where they do. If you guys are Harry Potter fans, you guys would be excited to go here. They make like drinks, they make it look like potions. So it feels like you're in Harry Potter. **4** 누가 여기 위치가 어딘지 말해 줄 수 있어요? I really want to try **5** 왜냐면 제가 해리 포터 왕팬이거든요.

진짜 유명한 SNS 계정인데요, 여기는 뭔가 좀… 맛집과 식당 정보가 정말 많아요, 사람들에게 맛집 추천도 해요.

근데 사실, 제가 갔다 왔던 브루클린에 있는 식당을 하나 찾았는데요. **1** It's called the 'Cheeseboat.' (그 식당에서는) 보트 모양의 빵에 치즈를 녹여서… 음… 그릇이라고 해야 하나? 거기에 담아서 줘요. 그 빵에 그냥 치즈가 가득 들어 있어요. 특별할 게 없더라고요. **2** So I think, I'm gonna put a comment down. 솔직히, 특별하지는 않았어요. **3** It was OK to try once.

여기, 사실 몇 번 봤었는데요. 식당은 아니고요, 술집, 바 같은 곳인데요. 만약 해리 포터 팬이라면, 여기 정말 기대되실 거예요. 여기에서는 음료를 만들 때, 음료를 마법 약처럼 만들어요. 꼭 해리 포터 영화 안에 있는 것 같아요. **4** Can someone tell me where the location of this place is? 여기 정말 가 보고 싶어요, **5** since I'm such a big Potter fan.

|WORDS|

SNS account SNS 계정
combine 갖추다, 겸비하다
put a comment down 댓글을 쓰다, 남기다

pretty much 거의(= almost)
well-rated food 평점이 좋은 음식
potion 마법 약

40 상품 묘사

뉴요커 다희 씨가 사고 싶은 물건에 대해 친구의 의견을 묻고 있습니다. 어떻게 물어보고 있는지 살펴볼까요?

? 영어로 어떻게 말할까요?

1 제 생각에 이 신발들은 이제 막 나온 신상품 같아요.

힌트 come out

2 너희 생각을 알려 줘.

힌트 let, think

3 이 신발 신은 사람 많이 못 봤어요.

힌트 see, wear

궁금증 해결은
다음 페이지에서 !

AMERICAN CULTURE

Garage Sale(중고 물품 세일)

garage sale은 자기 집 차고에서 중고 물품을 펼쳐 놓고 싸게 파는 것은 말합니다. 집에서 쓰던 물건을 파는 거라 간혹 깨끗하지 않거나 정리가 안 되어 있는 경우도 많습니다. 그만큼 물건이 싸다는 얘기도 되는데요. 그래서 중고 물품을 살 때는 **bargain**(흥정)을 잘 해야 해요. 나에게 더 이상 필요 없는 물건을 이렇게 집 앞에서 판매하는 문화는 판매자와 구매자가 물건을 저렴하게 구할 수도 있고 처분할 수도 있는 좋은 기회입니다.

영어 표현에 관한 궁금증을 해결해 볼까요?

1
제 생각에 이 신발들은 이제 막 나온 신상품 같아요.

I think these are the new ones that just came out.

I think는 '~라고 생각해요, ~같아요'라는 뜻으로 생각이나 의견을 말할 때 씁니다.

I think (that) _____.

    this hat is pretty 이 모자는 예쁘다
    it's going to be a big hit 크게 히트칠 것 같다

 추가 표현

I think와 비슷한 표현으로 I believe, in my opinion, my two cents is[are] 등이 있습니다.
I believe loving yourself is important.
자신을 사랑하는 것을 중요해요.

In my opinion, you should not waste your money on these.
제 생각에는 이런 것들에 돈을 낭비하지 말아야 해요.

My two cents are that you should buy a house now.
지금 집을 사야 한다고 생각해요.

'가격이 비싸다'고 하면 어떤 말이 가장 먼저 떠오르세요? 맞아요. 아마도 **expensive**일 거예요. 하지만 이것 말고도 여러 표현이 있어요. 본문에서도 **pricey**라는 단어가 나와요. 이 표현은 **expensive** 보다 캐주얼한 느낌입니다. 또 **steep**도 비싸다라는 의미인데요. '아주 비싸다(**pretty expensive**)'고 할 때 쓸 수 있습니다.

This is likely to be expensive.
이것은 좀 비쌀 거 같아.

The shoes were good but a little pricey.
신발이 좋기는 한데, 조금 비싸네.

The price is too steep.
가격이 너무 비싸다.

202

2

너희 생각을 알려 줘.

Let me know what you think.

Let me know는 '알려 주세요'라는 의미로 부탁할 때 쓰는 공손한 표현입니다. 이 표현에는 상대방이 현재 알고 있다고 생각하지 않고 뭔가를 확인한 다음에 알려 달라는 느낌이 있습니다. 반면에 **Tell me**는 '말해 주세요'라는 뜻으로 직접적으로 상대방이 지금 무언가를 알고 있다고 가정하고 지금 당장 말해 달라고 하는 느낌이 있습니다.

Let me know what time will be good for you.
언제가 시간이 괜찮을지 알려 주세요.

Let me know if you have any questions.
질문이 있으면 알려 주세요.

Let me know if there's anything else I can do.
제가 도울 일이 있으면 알려 주세요.

3

이 신발 신은 사람 많이 못 봤어요.

I don't, haven't really seen a lot of people who have been wearing these.

haven't really seen은 '정말 본 적이 없다'라는 의미로 경험을 나타냅니다. **a lot of**는 '많은'이라는 뜻이에요. 이 대신에 셀 수 있는 명사일 때는 **many**, 셀 수 없는 명사일 때는 **much**를 쓸 수 있습니다.

wear는 '옷[신발]을 입다[신다]'라는 의미로 **put on**과 비슷한 뜻이에요. 이 두 표현은 조금 다른 점이 있는데요. **wear**가 다 입은 상태를 의미한다면 **put on**은 입고 있는 동작을 가리킵니다. 반대로 '옷을 벗다'는 **take off**를 씁니다. 여기서 **who have been wearing these**는 '이것을 입고 있는'이라는 관계사절로 앞에 나오는 **people**을 꾸며 주고 있습니다.

You had better put on the jacket. 재킷을 입는 게 좋을 거야.
I love to wear jeans. 난 청바지 입는 것을 좋아해요.

뉴요커 다희 씨가 사고 싶은 물건에 대해 친구의 의견을 묻는 내용입니다. 앞에서 배웠던 표현을 확인해 보세요!

It's kind of pricey. Here, I'll show you. These are... You've seen these before, right? They're really trendy right now but, **1** 제 생각에 이 신발들은 이제 막 나온 신상품 같아요 because the detail on the ankle is different and a new color that's like neon on the bottom.

Hey guys, I just found these shoes. I really want to buy... **2** 너희 생각을 알려 줘.

I feel like these are... very versatile? But at the same time, it's very trendy. So I don't know. I don't really want to spend, you know like hundreds of dollars on a pair of shoes that will go out of trend. But I really really like them. I think they're unique. **3** 이 신발 신은 사람 많이 못 봤어요. So I think I'm just gonna upload it and see what my friends think. And make a decision.

I think it's a sign from the gods to tell me to buy them. We'll see. I think I'm gonna try to get more feedback on what the rest of people think and make a decision. And I'll let you know if I'll buy them or not.

가격대가 좀 있어요. 여기, 제가 보여 드릴게요. 이 신발은… 전에 보신 적 있으시죠? 지금 엄청 유행이거든요. 근데, **1** I think these are the new ones that just came out 왜냐하면 발목 부분 디테일이 다르고 아래쪽에 형광 같은 새로운 색이 들어갔고요.

얘들아, 나 이 신발을 봤거든. 진짜 사고 싶은데… **2** Let me know what you think.

이 신발… 되게 유용하게 신을 것 같기도 하고? 그런데 또, 유행을 탈 것 같기도 해요. 그래서 잘 모르겠어요. 돈을 막 쓰고 싶진 않은데… 금방 유행 지날 신발 한 켤레에 몇백 달러를 쓰고 싶지는 않거든요. 근데 또 너무너무 맘에 들어요. 독특한 것 같아요. **3** I don't, haven't really seen a lot of people who have been wearing these. 그래서 일단 올려서 친구들 반응 좀 보려고요. 그 다음에 결정할래요.

이건 신발을 사라는 신의 계시인 것 같아요. 곧 알게 되겠죠. 제 생각에는 나머지 사람들 의견을 좀더 들어 보고 나중에 결정하는 걸로요. 그리고 제가 살지 안 살지 알려 드릴게요.

| WORDS |

kind of 약간	pricey 비싼	trendy 유행인
versatile 다용도의, 다목적의	a pair of 한 켤레의	go out of trend 유행이 지나다
unique 독특한	upload 올리다	make a decision 결심하다
sign from the gods 신의 계시		

Good Job, everyone! See you next book.

Memo

Memo

Memo